14

POR FAVOR, SEA BREVE

ANTOLOGÍA DE RELATOS HIPERBREVES

vOCES / LITERATURA

COLECCIÓN VOCES / LITERATURA

Editorial Páginas de Espuma hace constar la profunda labor de derechos de autor realizada. Dada la naturaleza de conjunto de esta antología y la calidad de todos los textos, se ha optado por no descartar ningún microrrelato seleccionado, por lo que si algún autor o propietario no ha sido informado por la dificultad que ha supuesto su contacto, rogamos se dirija a la editorial.

Nuestro fondo editorial en www.ppespuma.com

Primera edición: octubre de 2001

ISBN: 84-95642-04-2
Depósito legal: M-48.073-2001

© De todos los textos, sus autores
© Del «Prólogo bonsái» y la selección, Clara Obligado, 2001
© De esta portada, maqueta y edición, Editorial Páginas de Espuma, S. L., 2001
c/Madera 3, 1º izq. 28004 Madrid
Tel. 915 227 251 Fax: 915 224 948
E-mail: ppespuma@arrakis.es

Composición: equipo editorial
Diseño e ilustración de portada: Beatriz Cuevas

Fotomecánica FCM
Imprenta Omagraf, S. L.
Encuadernación Seis, S. A.

Impreso en España, CEE. Printed in Spain

POR FAVOR, SEA BREVE

ANTOLOGÍA DE RELATOS HIPERBREVES

Edición de Clara Obligado

PÁGINAS DE ESPUMA

Este libro no hubiera sido posible sin la colaboración entusiasta y las ideas que han proporcionado Raúl Brasca, Mariángeles Fernández, Santiago González Reca, Roberto Lovera de Sola, Julio Ortega, Viviana Paletta, Carmen Ruiz Barrionuevo, Javier Sáez de Ibarra, Ana María Shua y Lauro Zavala.

La organización menguante del libro es una idea de Hipólito G. Navarro.

A mi hermano menor, Santiago,
con un cariño inversamente proporcional
a la extensión de estos textos.

PRÓLOGO BONSÁI

Lo cierto es que el escritor de brevedades
nada anhela más en el mundo que escribir
interminablemente largos textos, largos textos
en los que la imaginación no tenga que trabajar.

Augusto Monterroso

Pulidos como una sentencia, como una piedra devuelta por el mar, los relatos mínimos se asemejan a la fotografía, al haiku, al poema. Aunque parecen sencillos de escribir, su minúscula composición exige pericia, ingenio, un oficio impecable, economía, máxima tensión.

Es en los instersticios de la prosa donde fraguan su sentido; sólo en la relectura se encuentra el eco de su verdadera voz. Son vértigo, seducción, vislumbre; el lector debe rematar su efecto, entrar en un proceso delicado de lectura desentrañadora y reiterada. Y resumirlos es sumarles palabras.

Recorren todos los géneros, todas las técnicas: se apoyan en otros textos, tejen vínculos con otras formas: son juego, poema, sentencia, bestiario, chiste, novela, fábula, y hasta aviso clasificado. Todo vale cuando se trata de ganar tiempo.

Hay en su espíritu de fragmento una rebelión contra la literatura convencional, y en su transgredir los tópicos una ironía sobre nuestra época. Así se alzan contra la verborragia, la avalancha informativa, la vacía superabundancia de nuestra cultura. Estas inflamaciones de lo breve son asalto poético, efecto instantáneo, golpe al mentón.

Ya los conocía el Oriente, donde recorren los siglos. En castellano los escribieron Darío, Jiménez o Cortázar, y Borges editó la primera antología del género. A partir de Monterroso los encontró la crítica: hoy en día, quienes los practican saben ya que se juegan la vida en cada línea.

Los textos hiperbreves, relatos mínimos, ficciones súbitas, relatitos, *textículos,* ultracortos, microscópicos, bonsái o como quieran llamarse son el cada vez más difícil de la literatura, el viaje a la semilla, el salto sin red, la pulpa, el no va más de la brevedad.

Y para terminar ya con esta larga presentación, permítaseme una cita: la brevedad, como decían los clásicos, es la madre del ingenio.

CLARA OBLIGADO

EL CAMPEONATO MUNDIAL DE PAJARITAS

Luis Britto García

[1]

Abierto oficialmente el campeonato mundial de pajaritas el señor Pereira se dirige al proscenio, toma una hoja de papel, la dobla, la vuelve a doblar, y de los pliegues surgen lentamente una montaña, y un arroyo, y un arco iris que desciende hasta que junto a él fulguran las nubes y finalmente las estrellas. Un gran aplauso resuena, el señor Pereira se inclina y baja lentamente a la sala.

Acto seguido se instala en el proscenio el señor Noguchi, quien toma en cada mano una hoja de papel, la mano izquierda dobla dobla, sale una paloma, sosteniendo el pico con los dedos anular y meñique y tirando de la cola con los dedos índice y medio las alas suben bajan suben bajan, la paloma vuela, entretanto la mano derecha dobla dobla, sale un halcón, colocando el dedo índice en el buche y presionando con el pulgar en las patas, las poderosas alas suben bajan bajan suben, el halcón vuela, persigue a la paloma, la atrapa, cae al suelo, la devora.

Grandes y entusiásticos aplausos.

Sube al proscenio el señor Iturriza, quien es calvo, viejo, tímido y usa unos lentecitos con montura de oro. En medio de un gran silencio el señor Iturriza se inclina ante el público, hace una contorsión, se vuelve de espaldas. La segunda contorsión la despliega, asume una forma extraña, y luego viene la tercera, la cuarta, la quinta contorsión, la apertura del pliegue longitudinal, y la vuelta del conjunto. La sexta y la séptima contorsiones son apenas visibles pero definitivas, la gente va a aplaudir pero no aplaude, en el proscenio el señor Iturriza deshace su último pliegue y se transforma en una límpida, solitaria, gran hoja cuadrada de papel en blanco.

ATARDECER EN LA PLAYA

Bárbara Jacobs

[2]

La señorita Gálvez no tiene tiempo de pensar en
la última vez que vio a su hermano el que murió ni
de imaginar la última vez que verá al que está por
morir, en cosa de meses. No tiene tiempo tampoco de
ver el mar ahora que está en una terraza con vista a
la playa, ni sabe si tendrá tiempo de recordar el barco que ve cuando ya no lo tenga enfrente. Ni mucho
menos tiene tiempo de tratar de averiguar por qué, a
veces y sin aviso, piensa en una carretera solitaria
por la que va, con árboles y en invierno, como si saliera de una biblioteca o estuviera al lado de José, con
quien se iba a casar pero se fue, o se murió, o la olvidó. Ni tiene tiempo de adivinar por qué sueña con
gente que se fue como José, o que se murió como José,
sí sabe que cuando ella estuvo con ellos no pensó más
en ellos de lo que cualquiera pensaría. No tiene tiempo de hacer caso a los recuerdos que llaman de pronto a su memoria; los rostros, las palabras de la gente
a la que quiere. Ni tiene tiempo de detenerse a imaginar qué están haciendo esas gentes a las que quiere, si se encontraron al fin con quien se iban a encontrar, si les fue bien o si están tristes. La señorita
Gálvez no tiene tiempo porque no quiere saber más
de la cuenta, ni imaginar lo que la cuenta no quiere
que imagine. Ese barco es la vida que va pasando, y

ella también está muriendo, y va siendo olvidada por la gente, hecha a un lado, como recuerdo, a favor de la brisa que hay que sentir, el libro que hay que leer, la gente a la que hay que oír porque está aquí, ahora, y el presente es lo único que tienes.

LA AMIGA DE MAMÁ

Ana María Pérez Cañamares

[3]

La amiga de mamá llegaba a casa, con sus maletas cargadas de regalos y era como si la Navidad se hubiese presentado, fuera abril o septiembre. La amiga de mamá extendía mapas, repartía paquetes, nos disfrazaba de bereberes, desplegaba historias y fotos y por último colocaba su neceser entre nuestros jabones y cepillos de dientes, y así sabíamos que sería nuestra por una temporada.

Las comidas se llenaban de sabores exóticos, los bailes eran voluptuosos y frenéticos, y hasta nuestros nombres cambiaban, y un día nos llamábamos Samarcanda, otro Tegucigalpa, o Gobi, o Tombuctú. En el colegio nuestros compañeros se disputaban el privilegio de venir a pasar la tarde en casa. Y la amiga de mamá, aunque por la noche las oíamos hablar hasta muy tarde frente a una botella de licor de extraños reflejos, la amiga de mamá nunca parecía cansada.

Eso fue lo primero que me llamó la atención aquel día: su rostro exhausto, descansando sobre el regazo de mamá. No recuerdo a qué había bajado al salón pero enseguida tuve la sensación de asistir a una escena prohibida, no por impropia ni vergonzosa; era algo más allá, como entrar en la trastienda de aquellas dos mujeres. Porque no sólo estaba la fragilidad de la amiga de mamá; sobre todo estaba la tristeza de mamá. Como si sus ojos hubieran visto más que los de su amiga. Como si se hubiera despedido de más gente. Como si estuviera agotada de servir de sostén a los sueños de los demás.

ARTES POSIBLES

Luis Britto García

[4]

Máquina maravillosa para hacer el arte, no esas tonterías debiluchas que llaman hoy arte, que apelan por separado a la vista, al oído, a otros sentidos o cosas así. El espectador es introducido en un tubo en donde lo aturden fogonazos, caleidoscopios, estroboscopios (vista), berridos, estampidos, cataplunes y zuáquitis (oído), bocanadas de sulfuro de carbono, pachulí, catinga (olfato), chorros de aceite de ricino y todas esas cosas químicas que tienen sabor *sui generis* (gusto), pinchazos, raspaduras, cosquillas, mordeduras (tacto), heladuras, quemaduras (sentido de la temperatura), sacudidas eléctricas, vergazos (sentido del dolor), cambios de sitio, caídas libres, aceleraciones, deceleraciones, giros en hélice, en tirabuzón y en rizo (sentido de la posición), constricciones, torsiones (sentido de la posición corporal relativa), violaciones (percepción sexual), penetraciones, introducciones de espéculos, insuflaciones, inyecciones de hormonas y vasodilatadores (percepción interna de los procesos orgánicos), choques inductores de entremezclamiento y confusión de sensaciones (percepción cinestésica), inyecciones de drogas (percepción delirante). Al final, claro, se debe apelar al más exquisito y más sobresaltado instinto, y como luego de experimentada en su totalidad la experiencia artística ya para qué vi-

vir, el espectador es atacado en su instinto de conser-
vación, fibra a fibra deshilachado, macerado, masti-
cado y digerido. Como sucede con toda nueva forma
de arte, en la que proponemos los espectadores, al
principio, serán escasos.

LIBROS

Luis Britto García

[5]

Un libro que después de una sacudida confundió todas sus palabras sin que hubiera manera de volverlas a poner en orden.

Un libro cuyo título por pecar de completo comprendía todo el contenido del libro.

Un libro con un tan extenso índice que a su vez éste necesitaba otro índice y a su vez éste otro índice y así sucesivamente.

Un libro que leía los rostros de quienes pasaban sus páginas.

Un libro que contenía uno tras otro todos los pensamientos de un hombre y que para ser leído requería la vida íntegra de un hombre.

Un libro destinado a explicar otro libro destinado a explicar otro libro que a su vez explica al primero.

Un libro que resume un millar de libros y que da lugar a un millar de libros que lo desarrollan.

Un libro que refuta a otro libro que da una tal impresión de realidad que cuando volvemos a la realidad da la impresión de que leemos el libro.

Un libro en el cual sólo tiene validez la décima palabra de la página setecientos y todas las restantes han sido escritas para esconder la validez de aquélla.

Un libro cuyo protagonista escribe un libro cuyo protagonista escribe un libro cuyo protagonista escribe un libro.

Un libro dedicado a demostrar la inutilidad de escribir libros.

DIÁLOGO DE SORDOS

Fernando Alegría

[6]

–Usted sabe, he perdido las llaves y el acordeón maldito sigue tocando.

–No lo sabía. ¿Usted escuchaba ese tango entrelazando sus dedos con los míos?

–No, no, los zapatos.

–¡Ah! Por eso se llovió la cama.

–Usted demoraba tanto, pues.

–Es que los gatos corrían ardiendo por el techo. Y sus manos tan heladas.

–¿Con la rodilla?

–A veces. A veces me levantaba la cortina bien alto para que usted nadara con todos sus brazos y con mucha pierna. Pero, el mar era más fuerte que nosotros.

–Ya le advertí que la rodilla puede entrenarse. Lo importante es que toque fondo. Por eso muevo la rodilla como un paraguas, así.

–Usted, amigo mío, es el orador que nunca dice nada y la vida se escurre entre sus manos, arrugada y seca como el fuelle de un burro.

–Parece mentira, pero usted se meneaba con todas sus fuerzas. El amor, señora, es como la lluvia: nunca debe recalentarse.

–Sin embargo, es obvio que va a tronar y usted no da muestras de quedarse.

–¿Tronar? Están golpeando la puerta. Su marido.

–¡Sí! ¡Sí! La cena está servida. Pasemos.

–¡No, mi amor! En esta liebre me subo yo. Gustazo de conocerla.

PASEAR AL PERRO

Guillermo Samperio

[7]

Amaestrados, ágiles, atentos, bucólicos, bramadores, crespos y elegantes, engañosos y hermafroditas, implacables, jocundos y lunáticos, lúcidos, mirones, niños, prestos, rabiosos y relajientos, sistemáticos, silenciosos, tropel y trueque, ultimátum y veniales, vaivienen, xicotilllos, zorros implacables son los perros de la mirada del hombre que fijan sus instintos en el cuerpo de esa mujer que va procreando un apacible, tierno, caliente paisaje de joven trigo donde pueda retozar la comparsa de perros inquietantes. Su minifalda, prenda lila e inteligente, luce su cortedad debido a la largueza de las piernas que suben, firmes y generosas, y se contonean hacia las caderas, las cuales hacen flotar paso a paso la tela breve, ceñida a la cintura aún más inteligente y pequeña, de la que asciende un fuego bugambilia de escote oval ladeado que deja libre el hombro y una media luna trigueña en la espalda. La mujer percibe de inmediato las intenciones de los perros en el magma de aquella mirada, y el hombre les habla con palabras sudorosas, los acaricia, los sosea, los detiene con la correa del espérense un poco, tranquilos, no tan abruptos, calma, eso es, sin precipitarse, vamos, vamos, y los echa, los deja ir, acercarse, galantes, platicadores, atentos, recurrentes. Al llegar a la esquina, la mujer y su apacible, tierno, caliente paisaje de joven trigo, y el hombre y su inquieta comparsa de animales atraviesan la avenida de la tarde; a lo lejos, se escuchan sus risas, los ladridos.

EL VIAJE

Cristina Fernández Cubas

[8]

Un día la madre de una amiga me contó una curiosa anécdota. Estábamos en su casa, en el barrio antiguo de Palma de Mallorca, y desde el balcón interior, que daba a un pequeño jardín, se alcanzaba a ver la fachada del vecino convento de clausura. La madre de mi amiga solía visitar a la abadesa; le llevaba helados para la comunidad y conversaban durante horas a través de la celosía. Estábamos ya en una época en que las reglas de clausura eran menos estrictas de lo que fueron antaño, y nada impedía a la abadesa, si así lo hubiera deseado, interrumpiera en más de una ocasión su encierro y saliera al mundo. Pero ella se negaba en redondo. Llevaba casi treinta años entre aquellas cuatro paredes y las llamadas del exterior no le interesaban lo más mínimo. Por eso la señora de la casa creyó que estaba soñando cuando una mañana sonó el timbre y una silueta oscura se dibujó al trasluz en el marco de la puerta. «Si no le importa», dijo la abadesa tras los saludos de rigor, «me gustaría ver el convento desde fuera». Y después, en el mismo balcón en el que fue narrada la historia se quedó unos minutos en silencio. «Es muy bonito», concluyó. Y, con la misma alegría con la que había llamado a la puerta, se despidió y regresó al convento. Creo que no ha vuelto a salir, pero eso ahora no importa. El viaje de la abadesa me sigue pareciendo, como entonces, uno de los viajes más largos de todos los viajes largos de los que tengo noticias.

LA MUJER DE GALVAO

Gloria Pampillo

[9]

En 1680 cinco naves portuguesas penetran en el
Río de la Plata. Soldados veteranos, presidiarios, negros esclavos y algunas mujeres desembarcan sigilo-
sos frente a Buenos Aires. Entre todos cierran la pe-
nínsula que ocuparon con una empalizada, donde
pueden apilar piedras, y a eso lo llaman el baluarte.
La algazara de la fundación alerta a los espías que
envían despachos a los españoles. Como en Buenos
Aires apenas hay un millar de habitantes, el gober-
nador llama en auxilio a las tropas aliadas de los
indios guaraníes. Para animar a los remisos, los je-
suitas que han alistado a los indios les prometen el
saqueo. Desde ese momento, ya no pueden contener-
los. Ahora los portugueses saben que lo que les espera después de la muerte es el ultraje. Manuel Galvao
y Joana, su mujer, comandan a los portugueses en la
defensa. En el bando contrario son tres mil indígenas
con sus caciques al frente. Flechado, Manuel Galvao
sigue acudiendo a todos hasta que el disparo de un
arcabuz lo hace caer. Joana, furiosa, sigue peleando
encima de él. Pelea por la ropa que ella atendió y por
los testículos que a los dos les dieron placer. En el
Museo Español la pintaron así, vestida de azul, con el
pelo incandescente, una espada en la mano y cuatro
indios que la rodean. Manuel, con los ojos cerrados,

está tendido, haragán, debajo de ella. Es un hombre que a la noche volvió a casa y se tiró en la cama sin darse cuenta de que su mujer sigue trabajando.

EL GLOBO

Enrique Jaramillo Levi

[10]

Aburrido, sin motivo especial, compré un hermoso globo negro y seguí caminando lentamente por las veredas internas del bosque, alejándome lo más posible del bullicio. Era un domingo soleado, semejante a cualquier otro en primavera.

Llegué a una explanada colmada de gente que iba y venía en todas direcciones. No pude tomar otro rumbo y continué la marcha abriéndome paso a veces a empujones. El globo se columpiaba lánguido frente a mis pasos y casi daba la impresión de que se movía libremente y en forma horizontal, sin que estuviera sujeto al hilo no muy largo que yo tenía en la mano.

En cierto momento olvidé figuras, voces y olores a mi alrededor y me dediqué a observar el desplazamiento continuo que frente a mí realizaba el globo. Poco después, éste se convirtió en un elemento tan importante que yo dejé de tener conciencia plena de mi ser.

Cuando volví a retomarla estábamos ya frente al lago. Fue horrible, pero de pronto sentí que no era más que un grano sin contornos en aquel deambular de gentes por todas partes, ignorado aliento sin dirección. Tuve la impresión de no estar sujeto a la gravedad porque me estaba desmaterializando. Sobre todo al mirar hacia abajo y no verme por sitio alguno entre la confusa masa de colores desplazándose en espirales lentos.

UN JUSTO ACUERDO

Bárbara Jacobs

[11]

Por diferentes delitos, la condenaron a cadena perpetua más noventa y seis años de estricta prisión.

Como era joven, los primeros cincuenta los pasó viva. Al principio no faltó quien la visitara; en varias ocasiones concedió ser entrevistada, hasta que dejó de ser noticia. Su rutina sólo se vio interrumpida cuando, durante los últimos años y a pesar de que las autoridades la consideraron siempre una mujer sensata, fue confinada al pabellón de psiquiatría. Ahí aprendió cómo entretenerse sin necesidad de leer ni escribir; acaso ni de pensar. Para entonces ya había prescindido del habla, y no tardó en acostumbrarse a la inmovilidad. Al final parecía dominar el arte de no sentir.

Cuando murió la llevaron, en un ataúd sencillo, a una celda iluminada y con bastante ventilación, donde cumplió buena parte de su condena: a lo largo de este período, el celador en turno rara vez olvidó de llevarle flores, aunque marchitas, obedeciendo la orden, transmitida de sexenio en sexenio, de mantenerla aislada, si bien no por completo.

Hace poco, debido a razones de espacio, las autoridades decidieron enterrarla; pero, con el fin de no transgredir la ley y de no conceder a esa reo ningún privilegio, acordaron que el tiempo que le faltaba purgar fuera distribuido entre dos o tres presas desconocidas que todavía tenían muchos años por vivir.

LA ÚNICA OBLIGACIÓN

Juan Carlos Botero

[12]

Cuando ella lo lanzó al abismo diciéndole que la relación había terminado, y que lo único claro que tenía en su mente era que no lo quería volver a ver jamás, quedó como un planeta expulsado de su órbita, girando pero sin rumbo ni centro de gravedad. No soportó el golpe. De noche lloraba mientras dormía, y lo despertaba el extraño ruido de sus propios sollozos. Duró meses distraído, pensando en ella, sólo en ella, arrastrándose por el fango de bares y burdeles, intentando olvidarla, precipitado por un despeñadero sin ni siquiera sospechar que estaba cayendo. Una noche de aguaceros torrenciales, tocó fondo. Afuera tronaba la lluvia y el agua hervía sobre el tejado, cuando de pronto, en el destello de un relámpago, pareció despertar de un sueño atroz: en el relámpago del fogonazo se vio reflejado en el espejo del baño con el rostro barbudo y demacrado, y con la temblorosa cuchilla posada sobre sus expectantes venas azules. Se miró a los ojos, dejó caer la cuchilla, y resquebrajó por completo la represa de su llanto. Lloró largo rato sin pausas, pero a diferencia de las veces anteriores ahora no lloraba por la falta que ella le hacía sino por su fracaso como persona incapaz de sortear un golpe devastador. En ese momento lo alcanzó como un rayo, pero no súbito y fulminante, sino más bien

agotado, titubeante en las tinieblas, el oscuro enten-
dimiento de la única obligación: reconstruir.

CONSEJO

Mempo Giardinelli

[13]

La mañana del día en que murió el abuelo, general de brigada que supo luchar a las órdenes de Villa, Obregón y Carranza, llevaron al pequeño Agustín ante su lecho para que le diera el último beso. Eran los años cuarenta y el abuelo se moría dejando una leyenda de heroísmo, mentiras y arbitrariedades, como en cualquiera de las tantas familias acomodadas por la Revolución. El niño vestía pantaloncillos de terciopelo, abombachados y cortos hasta las rodillas, camisa de lino blanca con cuello de broderí, y mancuernillas de oro. Calzaba medias de seda y zapatos de charol con hebillas de plata. Lo acercaron a la alta cama entarimada y allí se arrodilló sobre un cojín de finísimo terciopelo. Miró al anciano, que respiraba dificultosamente por la boca, sumergido en almohadones de plumas bordados de hilos de plata y oro, y esperó no sabía qué. No se atrevía a tomarle la mano, acción que por otra parte le hubiera producido repugnancia. El viejo primero lo miró de reojo, después ladeó la patricia y blanca cabeza, y con una seña hizo que todos salieran de la habitación. Cuando quedaron solos miró francamente al muchacho, hizo una mueca como de asco con los labios y estiró una mano flaca y huesuda que agarró el antebrazo del niño.

–Te voy a dar un solo consejo, muchacho –carraspeó, casi sin fuerzas–: vende todo y huye.

LA TRAMPA

Oscar Peyrou

[14]

¿Qué harás si me muevo, si me acerco? ¿Te alejarás, levantarás las manos hasta cubrirte los ojos para no verme, abrirás la boca para gritar, gritarás? ¿Me tienes miedo? No te haré nada. Adelantaré un pie y después el otro, lentamente, ésa será mi forma de acercarme, sin brusquedad, hasta estar a tu lado. Te he dicho esto muchas veces. ¿Por qué entonces te alejas apenas intento adelantarme? ¿No me crees? Tal vez no entiendas mis palabras, mi idioma, tal vez no hayas comprendido nada de lo que te expliqué anteriormente. Pero si es así, ¿por qué te brillan los ojos cuando digo que me voy a mover, que me voy a acercar? ¿Por qué antes de que haga el más mínimo gesto te brillan los ojos y comienzas a levantar las manos como si quisieras protegerte? No tengas miedo. ¿Te das cuenta? La distancia que nos separa disminuye y todo sigue igual. No te eches hacia atrás. Es como si te prepararas para dar un salto. No lo hagas. No te muevas, estoy quieto, ves, no me acerco, estamos muy próximos, te podría tocar, si quisiera, tomar tu brazo e imposibilitarte la huida. Pero permanezco inmóvil ¿comprendes? No quiero hacerte daño, baja las manos. Ahora te acercas. Cómo te brillan los ojos. ¿Ya no tienes miedo? Estás tan cerca. Me acaricias y las palabras se deforman, y las líneas. Como a través de un

cristal húmedo y flexible, sólo el claro dolor en la garganta, los dedos que se cierran.

LA COSA

Luisa Valenzuela

[15]

Él, que pasaremos a llamar el sujeto, y quien estas líneas escribe (perteneciente al sexo femenino) que como es natural llamaremos objeto, se encontraron una noche cualquiera y así empezó la cosa. Por un lado porque la noche es ideal para comienzos y por otro porque la cosa siempre flota en el aire y basta que dos miradas se crucen para que el puente sea tendido y los abismos franqueados.

Había un mundo de gente pero ella descubrió esos ojos azules que quizá –con un poco de suerte– se detenían en ella. Ojos radiantes, ojos como alfileres que la clavaron contra la pared y la hicieron objeto –objeto de palabras abusivas, objeto del comentario crítico de los otros que notaron la velocidad con la que aceptó al desconocido–. Fue ella un objeto que no objetó nada, hay que reconocerlo, hasta el punto que pocas horas más tarde estaba en la horizontal permitiendo que la metáfora se hiciera carne en ella. Carne dentro de su carne, lo de siempre.

La cosa empezó a funcionar con el movimiento de vaivén del sujeto que era de lo más proclive. El objeto asumió de inmediato –casi instantáneamente– la inobjetable actitud mal llamada pasiva que resulta ser de lo más activa, recibiente. Deslizamiento de sujeto y objeto en el mismo sentido, confundidos si se nos permite la paradoja.

FELICIDAD

Andrés Neuman

[16]

Me llamo Marcos. Siempre he querido ser Cristóbal.

No me refiero a llamarme Cristóbal. Cristóbal es mi amigo; iba a decir el mejor, pero diré que el único.

Gabriela es mi mujer. Ella me quiere mucho y se acuesta con Cristóbal.

Él es inteligente, seguro de sí mismo y un ágil bailarín. También monta a caballo y domina la gramática latina. Cocina para las mujeres. Luego se las almuerza. Yo diría que Gabriela es su plato predilecto.

Algún desprevenido podrá pensar que mi mujer me traiciona: nada más lejos. Siempre he querido ser Cristóbal, pero no vivo cruzado de brazos. Ensayo no ser Marcos. Tomo clases de baile y repaso mis manuales de estudiante. Sé bien que mi mujer me adora. Y es tanta su adoración, que la pobre se acuesta con él, con el hombre que yo quisiera ser. Entre los gruesos brazos de Cristóbal, mi Gabriela me aguarda desde hace años con los brazos abiertos.

A mí me colma de gozo tanta paciencia. Ojalá mi esmero esté a la altura de sus esperanzas, y algún día, muy pronto, nos llegue el momento. Ese momento de amor inquebrantable que ella tanto ha preparado, engañando a Cristóbal, acostumbrándose a su cuerpo, a su carácter y sus gustos, para estar lo más có-

moda y feliz posible cuando yo sea como él y lo deje-
mos solo.

LA COLA

Guillermo Samperio

[17]

Esa noche de estreno, fuera del cine, a partir de la taquilla la gente ha ido formando una fila desordenada que desciende las escalinatas y se alarga sobre la acera, junto a la pared, pasa frente al puesto de dulces y el de revistas y periódicos extensa culebra de mil cabezas, víbora ondulante de colores diversos vestida de suéteres y chamarras, nauyaca inquieta que se contorsiona a lo largo de la calle y da vuelta en la esquina, boa enorme que mueve su cuerpo ansioso azotando la banqueta, invadiendo la calle, enrollada a los automóviles, interrumpiendo el tráfico, trepando por el muro, sobre las cornisas, adelgazándose en el aire, su cola de cascabel introduciéndose por una ventana del segundo piso, a espaldas de una mujer linda que toma un café melancólico ante una mesa redonda, mujer que escucha solitaria el rumor del gentío en la calle y percibe un fino cascabeleo que rompe de pronto su aire de pesadumbre, lo abrillanta y le ayuda a cobrar una débil luz de alegría, recuerda entonces aquellos días de felicidad y amor, de sensualidad nocturna y manos sobre su cuerpo firme y bien formado, abre paulatinamente las piernas, se acaricia el pubis que ya está húmedo, se quita lentamente las pantimedias, la pantaleta, y permite que la punta de la cola, enredada a una pata de la silla y erecta bajo la mesa, la posea.

SUBRAYE LAS PALABRAS ADECUADAS

Luis Britto García

[18]

Una mañana tarde noche el niño joven anciano que estaba moribundo enamorado prófugo confundido sintió las primeras punzadas notas detonaciones reminiscencias sacudidas precursoras seguidoras creadoras multiplicadoras formadoras extinguidoras de la helada la vacación la transfiguración la acción la inundación la cosecha. Pensó recordó imaginó inventó miró oyó talló cardó concluyó corrigió anudó pulió desnudó volteó rajó barnizó fundió la piedra la esclusa la falleba la red la antena la espita la mirilla la artesa la jarra la podadora la aguja la aceitera la máscara la lezna la ampolla la ganzúa la reja y con ellas atacó erigió consagró bautizó pulverizó unificó roció aplastó creó dispersó cimbró lustró repartió lijó el reloj el banco el submarino el arco el patíbulo el cinturón el yunque el velamen el remo el yelmo el torno el roble el caracol el gato el fusil el tiempo el naipe el torno el vino el bote el pulpo el labio el peplo el yunque, para luego antes ahora después nunca siempre a veces con el pie codo dedo cribarlos fecundarlos omitirlos encresparlos podarlos en el bosque río arenal ventisquero volcán dédalo sifón cueva coral luna mundo viaje día trompo jaula vuelta pez ojo malla turno flecha clavo seno brillo tumba ceja manto flor ruta aliento raya, y así se volvió tierra.

EL DESENCUENTRO ORIGINAL

Gloria Fernández Rozas

[19]

Adán iba tras ella con cierta sensación de inquietud o carcoma, con sabor a tropelía o avispero. Eva canturreaba tranquila por las colinas o piel del mundo. De pronto se detuvo, puso sus rodillas sobre el musgo o humedad y le pidió que se acercara. Él obedeció sin entusiasmo.

–Adán, a esto podríamos llamarlo hierba porque es verde y alargado.

–O *Lagartija* –replicó él.

–Y a esto mosca. Es algo tan negro y cargante...

–¿Mosca? Eva, ¡ya había puesto yo nombre a todas las cosas del mundo!

–Definitivamente, mosca. ¿No ves qué ojos?

Y así toda la tarde. El sol ya empezaba a escamotearse detrás de los montes o confín cuando se lo confesó:

–Eva, estoy cansado o *huérfano*.

–Pues hijo, yo soy completamente feliz.

Adán la observó algo perplejo. ¿Feliz? ¿Cómo que feliz? ¿No era Eva carne de su carne? ¿Acaso no había cedido hasta una de sus costillas o *parte de su mismidad* para conseguir una ayuda que se le asemejara?

Apartó la vista de aquel rostro embelesado y se quedó pensando si aquello que bullía en su corazón era arrobamiento o encono.

EL VEREDICTO

Alfonso Reyes

[20]

La mujer del fotógrafo era joven y muy bonita. Yo había ido en busca de mis fotos de pasaporte, pero ella no me lo quería creer.

–No, usted es el cobrador del alquiler, ¿verdad?

–No, señora, soy un cliente. Llame usted a su esposo y se convencerá.

–Mi esposo no está aquí. Estoy enteramente sola por toda la tarde. Usted viene por el alquiler, ¿verdad?

Su pregunta se volvía un poco angustiosa. Comprendí y comprendí su angustia: una vez dispuesta al sacrificio, prefería que todo sucediera con una persona presentable y afable.

–¿Verdad que usted es el cobrador?

–Sí –le dije resuelto a todo–, pero hablaremos hoy de otra cosa.

Me pareció lo más piadoso. Con todo, no quise dejarla engañada, y al despedirme, le dije:

–Mira, yo no soy el cobrador. Pero aquí está el precio de la renta, para que no tengas que sufrir en manos de la casualidad.

Se lo conté después a un amigo que me juzgó muy mal:

–¡Qué fraude! Vas a condenarte por eso.

Pero el diablo, que nos oía, dijo:

–No, se salvará.

ANIMAL

María Tena

[21]

Encontró el animalito en la calle, sus ojos le convencieron. Nunca antes había pensado meter a alguien en casa, no estaba dispuesto a cambiar sus costumbres. Esa noche le resultó gracioso verle en la caja viviendo junto a él. Pero el bicho olía, y encima respiraba, lo cual resultaba irritante. Cuando despertó, los libros estaban tirados, la ropa desordenada y la nevera abierta. Además le seguía por toda la casa, a la ducha, a la cocina y casi al trabajo.

Enseguida, se dio cuenta de que le observaba imitando sus gestos. Se sentaba como él, comía igual que él y movía la cabeza de la misma manera que él lo hacía al hablar por teléfono. Aquello le conmovió. Fue entonces cuando empezó a contarle las peleas de la oficina, las broncas del jefe, los éxitos en el mus, sus fracasos en el amor. No había mejor compañero para ver el partido. Fue el principio de una convivencia que duraría años. Nunca se llegó a casar pero fue razonablemente feliz pues tenía el problema sentimental resuelto.

Cada vez se parecieron más, prácticamente no se les distinguía cuando paseaban por la calle charlando como una pareja cualquiera de esas que se llevan bien y siempre tienen muchas cosas que decirse. Bienaventurados.

PIES

Héctor Carreto

[22]

A Margo Glantz

Pies: zapatos de piel humana.

Cuidemos nuestros pies: ellos son algo más que animales amaestrados: revelan nuestra casta; entre otras cosas; por eso las chinas esconden sus pies al hacer el amor y yo me ahogo en un mar de baba al contemplar tu pie, nadando en la pecera de charol.

Los pies de Ulises calzaron, durante diez años, sandalias de otro, equivocadamente. Los de Aldous Huxley cruzaron las puertas de la percepción y Karl Marx cubría sus pies con calcetines tejidos por las masas. ¡Ah! Pero son también las armas secretas de las diosas: Marilyn, para hechizar manojos de falos, calzaba zapatillas de labios abiertos, exhibiendo las sonrientes uñas. Y habrá que recordar a Cenicienta: sus pies la rescataron de bosques grises.

Por otro lado, si usted los lleva de paseo al pasado, vístalos con borceguíes y polainas; si los lleva al paraíso, consiga coturnos; si va al infierno, botas de bombero.

Pero señor, señora o señorita, trate con amor a sus pies: son de piel legítima. Acarícielos, Mercurio se lo agradecerá.

EL RETRATO

José Antonio Ramos Sucre

[23]

Yo trazaba en la pared la figura de los animales decorativos y fabulosos, inspirándome en un libro de caballería y en las estampas de un artista samurai.

Un biombo, originario del Extremo Oriente, ostentaba la imagen de la grulla posada sobre la tortuga.

El biombo y un ramo de flores azules me habían sido regaladas en la casa de las cortesanas, alhajadas de muebles de laca. Mi favorita se colgaba afectuosamente de mi brazo, diciéndome palabras mimosas en su idioma infranqueable. Se había pintado, con un pincel diminuto, unas cejas delgadas y largas, por donde resaltaba la tersura de nieve de su epidermis. Me mostró en ese momento un estilete guardado entre su cabellera y destinado para su muerte voluntaria en la víspera de la vejez. Sus compañeras reposaban sobre unos tapices y se referían alternativamente consejas y presagios, diciéndose cautivas de la fatalidad. Fumaban en pipas de plata y de porcelana o pulsaban el laúd con ademán indiferente.

Yo sigo pintando las fieras mitológicas y paso repentinamente a dibujar los rasgos de una máscara sollozante. La fisonomía de la cortesana inolvidable, tal como debió de ser el día de su sacrificio, aparece gradualmente por obra de mi pincel involuntario.

VISIÓN DE REOJO

Luisa Valenzuela

[24]

La verdá, la verdá, me plantó la mano en el culo y yo estaba a punto de pegarle gritos cuando el colectivo pasó frente a una iglesia y lo vi persignarse. Buen muchacho después de todo, me dije. Quizá no lo esté haciendo a propósito o quizá su mano derecha ignore lo que su izquierda hace. Traté de correrme al interior del coche –porque una cosa es justificar y otra muy distinta es dejarse manosear– pero cada vez subían más pasajeros y no había forma. Mis esguinces sólo sirvieron para que él meta mejor la mano y hasta me acaricie. Yo me ponía nerviosa. Él también. Pasamos frente a otra iglesia pero ni se dio cuenta y se llevó la mano a la cara sólo para secarse el sudor. Yo lo empecé a mirar de reojo haciéndome la disimulada, no fuera a creer que me estaba gustando. Imposible correrme y eso que me sacudía. Decidí entonces tomarme la revancha y a mi vez le planté la mano en el culo a él. Pocas cuadras después una oleada de gente me sacó de su mano a empujones. Los que me bajaban me arrancaron del colectivo y ahora lamento haberlo perdido así de golpe porque en su billetera sólo había 7.400 pesos de los viejos y más hubiera podido sacarle en un encuentro a solas. Parecía cariñoso. Y muy desprendido.

TRAGEDIA

Vicente Huidobro

[25]

María Olga es una mujer encantadora. Especialmente la parte que se llama Olga.

Se casó con un mocetón grande y fornido, un poco torpe, lleno de ideas honoríficas, reglamentadas como árboles de paseo.

Pero la parte que ella casó era su parte que se llamaba María. Su parte Olga permanecía soltera y luego tomó un amante que vivía en adoración ante sus ojos.

Ella no podía comprender que su marido se enfureciera y le reprochara infidelidad. María era fiel, perfectamente fiel. ¿Qué tenía él que meterse con Olga? Ella no comprendía que él no comprendiera. María cumplía con su deber, la parte Olga adoraba a su amante.

¿Era ella culpable de tener un nombre doble y de las consecuencias que esto puede traer consigo?

Así, cuando el marido cogió el revólver, ella abrió los ojos enormes, no asustados sino llenos de asombro, por no poder entender un gesto tan absurdo.

Pero sucedió que el marido se equivocó y mató a María, a la parte suya, en vez de matar a la otra. Olga continuó viviendo en brazos de su amante, y creo que aún sigue feliz, muy feliz, sintiendo sólo que es un poco zurda.

EL NACIMIENTO DE LA COL

Rubén Darío

[26]

En el paraíso terrenal, en el día luminoso en que las flores fueron creadas, y antes de que Eva fuese tentada por la serpiente, el maligno espíritu se acercó a la más linda rosa nueva en el momento en que ella tendía, a la caricia del celeste sol, la roja virginidad de sus labios.

–Eres bella.

–Lo soy –dijo la rosa.

–Bella y feliz –prosiguió el diablo–. Tienes el color, la gracia y el aroma. Pero...

–¿Pero?...

–No eres útil. ¿No miras esos árboles llenos de bellotas? Ésos, a más de ser frondosos, dan alimento a muchedumbres de seres animados que se detienen bajo sus ramas. Rosa, ser bella es poco...

La rosa, entonces –tentada como después lo sería la mujer– deseó la utilidad, de tal modo que hubo palidez en su púrpura.

Pasó el buen Dios después del alba siguiente.

–Padre –dijo aquella princesa floral, temblando en su perfumada belleza–, ¿queréis hacerme útil?

–Sea, hija mía –contestó el Señor, sonriendo.

Y entonces el mundo vio la primera col.

LECCIÓN DE SUEÑO

José Balza

[27]

–No vuelvas a pensar en eso, esta misma tarde lo resolveré.

–Pero ¿cómo? Desde hace días estoy así.

–En un minuto te lo explicaré.

–... conozco las causas, no creas. Las he analizado, y en esta temporada parecen haberse reunido muchas. Llevo varias noches sin dormir; lo hago si tomo alguna pastilla. Y no puede ser. Le tengo horror a esa falsa dulzura de los somníferos. Anoche el in-somnio fue total.

–Te entiendo; escúchame bien. Esta tarde compraré las otras semillas adecuadas y verás cómo todo pasa.

–Dime qué harás.

–Lo mismo que hizo la abuela en mi infancia. Hubo días en que no lograba dormirme; tenía miedo a la oscuridad y al vacío de las noches. Mi abuela lo descubrió, y esa tarde dijo: «Dejamos de dormir cuando los pájaros comen las semillas del sueño. Te han estado rondando y por eso sigues en vigilia. Desde hoy será perfecto. He cosido dentro de esta bolsita las semillas que los pájaros quieren. Voy a colocarla junto a tu almohada, y ellos ya no picotearán las que pertenecen a tu sueño».

VOCES COMO ARPONES

María Obligado

[28]

Asomadas a la reja cantamos las tres hermanas, Murguen, Nadina y yo. Los vecinos no se quejan. Al contrario, suspenden el asado del mediodía para poder escuchar. Sobre todo en primavera, cuando nuestras voces se mezclan con el azul profundo del jacarandá. Mamá canturrea en la cocina, suspira y recuerda, dice algo sobre unas rocas, piensa en el mar. Pero ahora nos deja el lugar a nosotras, sus herederas. Con nuestros dedos delgados, y nuestro cuerpo cimbreante, que casi envuelven los barrotes de los balcones, ante los ojos extasiados del barrio. Nuestro padre sonríe en el taller, admirado de que, a pesar de su fealdad casi ciclópea, le hayan nacido unas hijas tan bellas.

En la casa de altos balcones donde son felices, mi madre guarda el secreto de haber seducido a otro hombre, un tal Ulises y, mientras mira a su esposo con ojos de mar, agradece no haber caído en sus brazos.

Pero ésas, ahora, son viejas historias. Como arpones llenos de codicia, nuestras voces se alzan plateadas, sinuosas. Pocos pasan entre las dos esquinas sin mirarnos. Todos nos oyen, alguien caerá en las redes.

ALEGRÍA DEL CRONOPIO

Julio Cortázar

[29]

Encuentro de un cronopio y un fama en la liquidación de la tienda *La Mondiale.*

–Buenas salenas, cronopio cronopio.

–Buenas tardes, fama. Tregua catala espera.

–¿Cronopio cronopio?

–Cronopio cronopio.

–¿Hilo?

–Dos, pero uno azul.

El fama considera al cronopio. Nunca hablará hasta no saber que sus palabras son las que convienen, temeroso de que las esperanzas siempre alertas no se deslicen en el aire, esos microbios relucientes, y por una palabra equivocada invadan el corazón bondadoso del cronopio.

–Afuera llueve –dice el cronopio–. Todo el cielo.

–No te preocupes –dice el fama–. Iremos en mi automóvil. Para proteger los hilos.

Y mira el aire, pero no ve ninguna esperanza, y suspira satisfecho. Además le gusta observar la conmovedora alegría del cronopio, que sostiene contra su pecho los dos hilos –uno azul– y espera ansioso a que el fama lo invite a subir a su automóvil.

UNA SOLA ROSA Y UNA MANDARINA

Oswaldo Trejo

[30]

En donde de cada ser dos, de cada cosa dos exactas, una para sí y otra para alguien. Siendo así, de algunas, una a la memoria y otra dejable en el lugar, ya el barrio en el caserío o el caserío en el barrio, ya los árboles frutales, las puertas, el automóvil entrando a contravía y el automóvil llegado por el otro lado, ambos con movimiento y ruido de carro.

Tocar una puerta y abrirse dos. ¡Oh, entrar!, ¡oh, el recibo más allá!, con dos Gonzalos, dos Ercillas, dos Rafaeles, dos Julietas, y después del saludo y los besos de rigor, hablando todos a la vez y, de los ocho, escuchando atentamente a los ocho.

Distinto todo, de cómo era antes de volver.

De la cocina, la sirvienta con tazas de café, de las diez una para ella y, en el momento de pasarlas, ni señas, ni morisquetas, ni palabras, sino ella y ella o Carmenza y Carmenza.

Mientras en la memoria abarrotada aquellas grandes limas en sazón, aquellas roliverias mandarinas y, afuera, las rosas, las grandes rosas.

Una sola rosa y una mandarina. Con una y otra para sí y una y otra para él, despidiéndose.

[SIN TÍTULO]

Mariela Álvarez

[31]

Recuerda: ella dice que el ritual del amor exige máscaras.

Lo que no dice, pero es fácil deducirlo, es que si en ese instante nos las arrancáramos, el universo mismo quedaría paralizado ante tanta cantidad de cosa desnuda.

La mujer lo sabe. Por eso acumula papeles de colores, yeso, óleos y maquillaje, enormes cantidades de aire.

Entonces, cuando no exuda o babea o se trepa por las cortinas de su casa para espiar a las arañas, la mujer recrea los disfraces de siempre. Y es que abajo está la cara. Y no importa cuánta ropa nos cubra, ni todo el esfuerzo de millones de generaciones por disimular con telas y pieles al animal con frío, porque abajo está la cara, que es la parte más desnuda del cuerpo.

Y apenas lo hemos afirmado ya sabemos que, sorpresa encerrada en otra sorpresa, hay un grado más alto de desnudez que ese par de agujeros húmedos que flotan debajo de nuestra frente, y a los que nada puede tapar.

TODO LO CONTRARIO

Mario Benedetti

[32]

–Veamos –dijo el profesor–. ¿Alguno de ustedes sabe qué es lo contrario de IN?

–OUT –respondió prestamente un alumno.

–No es obligatorio pensar en inglés. En español, lo contrario de IN (como prefijo privativo, claro) suele ser la misma palabra, pero sin esa sílaba.

–Sí, ya sé: insensato y sensato, indócil y dócil, ¿no?

–Parcialmente correcto. No olvide, muchacho, que lo contrario del invierno no es el vierno sino el verano.

–No se aburle, profesor.

–Vamos a ver. ¿Sería capaz de formar una frase, más o menos coherente, con palabras que, si son despojadas del prefijo IN, no confirman la ortodoxia gramatical?

–Probaré, profesor: «Aquel dividuo memorizó sus cógnitas, se sintió dulgente pero dómito, hizo ventario de las famias con que tanto lo habían cordiado, y aunque se resignó a mantenerse cólume, así y todo en las noches padecía de somnio, ya que le preocupaban la flación y su cremento».

–Sulso pero pecable –admitió sin euforia el profesor.

EL PRECURSOR DE CERVANTES

Marco Denevi

[33]

Vivía en el Toboso una moza llamada Aldonza Lorenzo, hija de Lorenzo Corchelo, sastre, y de su mujer Francisca Nogales. Como hubiese leído numerosas novelas de éstas de caballería, acabó perdiendo la razón. Se hacía llamar Doña Dulcinea del Toboso, mandaba que en su presencia las gentes se arrodillasen, la tratasen de Su Grandeza y le besasen la mano. Se creía joven y hermosa, aunque tenía no menos de treinta años y las señales de la viruela en la cara. También inventó un galán, al que dio el nombre de Don Quijote de la Mancha. Decía que Don Quijote había partido hacia lejanos reinos en busca de aventuras, lances y peligros, al modo de Amadís de Gaula y Tirante el Blanco. Se pasaba todo el día asomada a la ventana de su casa, esperando la vuelta de su enamorado. Un hidalgüelo de los alrededores, que la amaba, pensó hacerse pasar por Don Quijote. Vistió una vieja armadura, montó en un rocín y salió a los caminos a repetir las hazañas del imaginario caballero. Cuando, seguro del éxito de su ardid, volvió al Toboso, Aldonza Lorenzo había muerto de tercianas.

PERPLEJIDAD

Raúl Brasca

[34]

La cierva pasta con sus crías. El león se arroja sobre la cierva, que logra huir. El cazador sorprende al león y a la cierva en su carrera y prepara el fusil. Piensa: si mato al león tendré un buen trofeo, pero si mato a la cierva tendré trofeo y podré comerme su exquisita pata a la cazadora.

De golpe, algo ha sobrecogido a la cierva. Piensa: si el león no me alcanza ¿volverá y se comerá a mis hijos? Precisamente el león está pensando: ¿para qué me canso con la madre cuando, sin ningún esfuerzo, podría comerme a las crías?

Cierva, león y cazador se han detenido simultáneamente. Desconcertados, se miran. No saben que, por una coincidencia sumamente improbable, participan de un instante de perplejidad universal. Peces suspendidos a media agua, aves quietas como colgadas del cielo, todo ser animado que habita sobre la Tierra duda sin atinar a hacer un movimiento.

Es el único, brevísimo hueco que se ha producido en la historia del mundo. Con el disparo del cazador se reanuda la vida.

REVOLUCIÓN DE LETRAS

José Ángel Barrueco

[35]

El literato ultimaba una novela escrita a ordenador cuando se produjo la revolución.

Las letras del teclado, comenzando desde los extremos (la cu, la a y la zeta en la izquierda; la pe y la eñe en la derecha), ascendieron en orden por las yemas de sus dedos. Como un veneno disuasor de avance veloz, contaminaron sus venas con la negrura de sus signos, prosiguiendo su discurrir por los antebrazos, los hombros y el cuello, regiones en las que iban depositando palabras completas que fueron engordando su piel hasta conferirle la apariencia de un viejo pergamino sepia. La acumulación de frases y oraciones formaron sobre su carne un libro maldito de sentencias y anatemas, de referencias cruzadas que trató de leer en vano en el papel que era su cuerpo. Pero un hombre no puede ser libro y la tinta clausuró su respiración.

El literato expiraba en la alfombra, enfermo de literatura y saber, cuando las letras regresaron obedientes al teclado, al acecho de otra víctima.

JAULA DE UN SOLO LADO

Enrique Anderson Imbert

[36]

Querida amiga: como sabes, ésta es mi primera visita a la pampa. Me pareció hundida bajo el peso de un Dios sentado sobre la hierba. Llegué en un cabriolé a la estanzuela de mis tías viejas y, después del almuerzo, me largué al campo. Descubrí una herramienta abandonada: ¿rastrillo, escarpidor, horquilla, reja? ¡Qué sé yo cómo se llama! Acaso un peine, para una cabeza más grande que la mía. Alcé la herramienta y clavé sus dientes en la tierra. Un pájaro apareció a sobreviento y se echó junto a esas púas. No se movió cuando me aproximé. Arranqué la estaca, la cargué al hombro y la volví a hincar más lejos. ¿Querrás creerme? El pájaro vino de un vuelo y se le arrimó bien, como una señorita se asoma a la calle por la verja. Repetí la operación varias veces. Siempre el pájaro acudía a echarse al lado de esa hilera de hierros. ¡Tenía todo el campo abierto a su disposición y sin embargo prefería inmovilizarse ahí, y mirar a través de los alambres! Por lo visto le gustaba sentirse prisionero y se inventaba una jaula.

LA FRANCESA

Adolfo Bioy Casares

[37]

Me dice que está aburrida de la gente. Las conversaciones se repiten. Siempre los hombres empiezan interrogándola en español: «¿Usted es francesa?» y continúan con la afirmación en francés: «J´aime la France». Cuando, a la inevitable pregunta sobre el lugar de su nacimiento ella contesta «Paris», todos exclaman: «Parisienne!», con sonriente admiración, no exenta de *grivoiserie* como si dijeran «comme vous devez éter cochonne!». Mientras la oigo recuerdo mi primera conversación con ella: fue minuciosamente idéntica a la que me refiere. Sin embargo, no está burlándose de mí. Me cuenta la verdad. Todos los interlocutores le dicen lo mismo. La prueba de esto es que yo también se lo dije. Y yo también en algún momento le comuniqué mi sospecha de que a mí me gusta Francia más que a ella. Parece que todos, tarde o temprano, le comunican ese hallazgo. No comprenden –no comprendemos– que Francia para ella es el recuerdo de su madre, de su casa, de todo lo que ha querido y que tal vez no volverá a ver.

CRIANZAS

Cristina Peri Rossi

[38]

Siempre imagino que mi madre tiene nada más que veinticinco años (la edad que ella tenía cuando yo nací), de ahí que me enfurezca si la oigo arrastrar los pies, cloquear, toser, pensar como una vieja. No entiendo por qué a los veinticinco años le han salido arrugas ni me explico cómo siendo tan joven se acuesta tan temprano.

Si en algún momento de pavorosa lucidez advierto que es una vieja, tal descubrimiento me llena de horror, por lo cual trato inmediatamente de expulsar dicho conocimiento de la luz de mi conciencia, de manera que en seguida recupera sus veinticinco años.

Ella me trata a mí continuamente como si yo fuera una niña, por lo cual nos entendemos perfectamente. No insisto en crecer, porque sé que es inútil: para nosotras dos, el tiempo se ha estacionado y ninguna cosa en el mundo podría hacerlo correr. Moriré de cinco años y ella de veinticinco: a nuestros funerales asistirá una muchedumbre de ancianos niños y de niños que jamás llegaron a crecer.

---

* Este texto apareció sólo con numeración y sin título en su primera versión.

ESPIRAL

Enrique Anderson Imbert

[39]

Regresé a casa en la madrugada, cayéndome de sueño. Al entrar, todo oscuro. Para no despertar a nadie avancé de puntillas y llegué a la escalera de caracol que conducía a mi cuarto. Apenas puse el pie en el primer escalón dudé de si ésa era mi casa o una casa idéntica a la mía. Y mientras subía temí que otro muchacho, igual a mí, estuviera durmiendo en mi cuarto y acaso soñándome en el acto mismo de subir por la escalera de caracol. Di la última vuelta, abrí la puerta y allí estaba él, o yo, todo iluminado de luna, sentado en la cama, con los ojos bien abiertos. Nos quedamos un instante mirándonos de hito en hito. Nos sonreímos. Sentí que la sonrisa de él era la que también me pesaba en la boca: como en un espejo, uno de los dos era falaz. «¿Quién sueña a quién?», exclamó uno de nosotros, o quizá ambos simultáneamente. En ese momento oímos ruidos de pasos en la escalera de caracol: de un salto nos metimos uno en otro y así fundidos nos pusimos a soñar al que venía subiendo, que era yo otra vez.

A MANO

Sara Gallardo

[40]

El más tranquilo de los hombres, en el bar me consultan. Soy juicioso por cierto. Acuclillado en el cajón de lustrador miro pasar la gente. O lustro. Conozco los zapatos de mis parroquianos.

«Estoy a mano con la vida» digo. Ellos me admiran.

Estoy a mano, es cierto.

A mi hijo –único– puse un nombre pensado. El del abuelo, el mío, y el que decía la verdad en tercer sitio. Carlos Fidel Deseado. Apellido, González.

Pude costearle los estudios, escuela, colegio, medicina. Se recibió a los veintidós. Lo celebramos con asado. No faltó ni un vecino.

Aquella noche lo mató un tranvía.

Veintidós, ya lo dije.

Tardé treinta y seis años en vengarlo. Veneno. Uno por uno hasta llegar a veintidós. ¿Quién iba a sospechar? La nieta de mi hermana completó la cuenta.

Estoy a mano con la vida, es cierto. En calma, miro pasar la gente. Los mozos me consultan. Soy juicioso. Doy consejos, el corazón frío.

NATACIÓN

Virgilio Piñera

[41]

He aprendido a nadar en seco. Resulta más ventajoso que hacerlo en el agua. No hay el temor de hundirse pues uno ya está en el fondo, y por la misma razón se está ahogando de antemano. También se evita que tengan que pescarnos a la luz de un farol o en la ciudad deslumbrante de un hermoso día. Por último, la ausencia de agua evitará que nos hinchemos.

No voy a negar que nadar en seco tiene algo de agónico. A primera vista se pensaría en los estertores de la muerte. Sin embargo, eso tiene de distinto con ella: que al par que se agoniza uno está bien vivo, bien alerta, escuchando la música que entra por la ventana y mirando el gusano que se arrastra por el suelo.

Al principio mis amigos censuraron esta decisión. Se hurtaban a mis miradas y sollozaban en los rincones. Felizmente, ya pasó la crisis. Ahora saben que me siento cómodo nadando en seco. De vez en cuando hundo mis manos en las losas de mármol y les entrego un pececillo que atrapo en las profundidades submarinas.

HISTORIA ERÓTICA EN UN MCDONALD'S

René Avilés Fabila

[42]

Luego de una Big Mac, que mucho nos excitó, Alice y yo fuimos a un motel. Algo deben de tener las hamburguesas, dijo ella tocándose los muslos con fiereza, debe de ser la cebolla, el tocino o posiblemente la salsa *ketchup.* Aguarda, le advertí, no tardaremos en llegar. De lo contrario, tú terminarás antes de tiempo y yo tendré que masturbarme. Aceleré mi Harley-Davidson y pronto estuvimos en una enorme habitación del motel La guarida del León Degenerado, con jacuzzi y cama de agua. Como pudimos, nos desvestimos. En mi caso era complejo: botas, chamarra de cuero, camisa vaquera, cinturón de hebilla de plata, jeans... Ella sólo traía una falda corta, medias negras, una sudadera que precisaba el origen de sus estudios: University of Kansas y una mascada para sujetarse el cabello rubio. Nos abrazamos con fuerza y caímos sobre la cama. La besaba y ella correspondía con fogosidad. Jadeando, preguntó: ¿Qué hago, amor? ¡Muévete!, contesté imperioso. Y Alice comenzó a hacer aerobics.

ECOSISTEMA

José María Merino

[43]

El día de mi cumpleaños, mi sobrina me regaló un bonsái y un libro de instrucciones para cuidarlo. Coloqué el bonsái en la galería, con los demás tiestos, y conseguí que floreciese. En otoño aparecieron entre la tierra unos diminutos insectos blancos, pero no parecían perjudicar al bonsái. En primavera, una mañana, a la hora de regar, me pareció vislumbrar algo que revoloteaba entre las hojitas. Con paciencia y una lupa, acabé descubriendo que se trataba de un pájaro minúsculo. En poco tiempo el bonsái se llenó de pájaros, que se alimentaban de los insectos. A finales de verano, escondida entre las raíces del bonsái, encontré una mujercita desnuda. Espiándola con sigilo, supe que comía los huevos de los nidos. Ahora vivo con ella, y hemos ideado el modo de cazar a los pájaros. Al parecer, nadie en casa sabe dónde estoy. Mi sobrina, muy triste por mi ausencia, cuida mis plantas como un homenaje al desaparecido. En uno de los tiestos, a lo lejos, hoy me ha parecido ver la figura de un mamut.

INTERIOR

Gilberto Owen

[44]

Las cosas que entran por el silencio empiezan a llegar al cuarto. Lo sabemos, porque nos dejamos olvidados allá adentro los ojos. La soledad llega por los espejos vacíos; la muerte baja de los cuadros, rompiendo sus vitrinas de museo; los rincones se abren como granadas para que entre el grillo con sus alfileres: y, aunque nos olvidemos de apagar la luz, la oscuridad de una luz negra más potente eclipsa a la otra.

Pero no son éstas las cosas que entran por el silencio, sino otras más sutiles aún; si nos hubiéramos dejado también olvidada la boca, sabríamos nombrarlas. Para sugerirlas, los preceptistas aconsejan hablar de paralelas que, sin dejar de serlo, se encuentran y se besan. Pero los niños que resuelven ecuaciones de segundo grado se suicidan siempre en cuanto llegan a los ochenta años, y preferimos por eso mirar sin nombres lo que entra por el silencio, y dejar que todos sigan afirmando que dos y dos son cuatro.

EL ENCUENTRO

Juan José Arreola

[45]

Dos puntos que se atraen, no tienen por qué elegir forzosamente la recta. Claro que es el procedimiento más corto. Pero hay quienes prefieren el infinito.

Las gentes caen unas en brazos de otras sin detallar la aventura. Cuando mucho, avanzan en zigzag. Pero una vez en la meta corrigen la desviación y se acoplan. Tan brusco amor es un choque, y los que así se afrontaron son devueltos al punto de partida por un efecto de culata. Demasiados proyectiles, su camino al revés los incrusta de nuevo, repasando el cañón, en un cartucho sin pólvora.

De vez en cuando, una pareja se aparta de esta regla invariable. Su propósito es francamente lineal, y no carece de rectitud. Misteriosamente, optan por el laberinto. No pueden vivir separados. Ésta es su única certeza, y van a perderla buscándose. Cuando uno de ellos comete un error y provoca un encuentro, el otro finge no darse cuenta y pasa sin saludar.

LA REINA VIRGEN

Marco Denevi

[46]

He sabido que Isabel I de Inglaterra fue un hombre disfrazado de mujer. El travestismo se lo impuso la madre, Ana Bolena, para salvar a su vástago del odio de los otros hijos de Enrique VIII y de las maquinaciones de los políticos. Después ya fue demasiado tarde y demasiado peligroso para descubrir la superchería. Exaltado el trono, cubierto de sedas y de collares, no pudo ocultar su fealdad, su calvicie, su inteligencia y su neurosis. Si fingía amores con Leicester, con Essex, y con sir Walter Raleigh, aunque sin trasponer nunca los límites de un casto flirteo, era para disimular. Y rechazaba con obstinación y sin aparente motivo las exhortaciones de su fiel ministro Lord Cecil para que contrajese matrimonio aduciendo que el pueblo era su consorte. En realidad estaba enamorado de María Estuardo. Como no podía hacerla suya recurrió al sucedáneo del amor: a la muerte. Mandó decapitarla, lo que para su pasión desgraciada habrá sido la única manera de poseerla.

MUERTE DE UN RIMADOR

Otto-Raúl González

[47]

Agapito Pito era un rimador nato y recalcitrante. Un buen día, viajó a un extraño país donde toda rima, aunque fuese asonante, era castigada con la pena de muerte.

Pito empezó a rimar a diestra y siniestra sin darse cuenta del peligro que corría su vida. Veinticuatro horas después fue encarcelado y condenado a la pena máxima.

Considerando su condición de extranjero, las altas autoridades dictaminaron que podría salvar el pellejo sólo si pedía perdón públicamente ante el ídolo antirrimático que se alza en la plaza central de la ciudad.

El día señalado, el empedernido rimador fue conducido a la plaza y, ante la expectación de la multitud, el juez del supremo tribunal le preguntó:

–¿Pides perdón al ídolo?

–¡Pídolo!

Agapito Pito fue linchado *ipso facto.*

LA TELA DE PENÉLOPE,
O QUIÉN ENGAÑA A QUIEN

Augusto Monterroso

[48]

Hace muchos años vivía en Grecia un hombre llamado Ulises (quien a pesar de ser bastante sabio era muy astuto) casado con Penélope, mujer bella y singularmente dotada cuyo único defecto era su desmedida afición a tejer, costumbre gracias a la cual pudo pasar sola largas temporadas.

Dice la leyenda que en cada ocasión en que Ulises con su astucia observaba que a pesar de sus prohibiciones ella se disponía una vez más a iniciar uno de sus interminables tejidos, se le podía ver por las noches preparando a hurtadillas sus botas y una buena barca, hasta que sin decirle nada se iba a recorrer el mundo y a buscarse a sí mismo.

De esta manera ella conseguía mantenerlo alejado mientras coqueteaba con sus dependientes, haciéndoles creer que tejía mientras Ulises viajaba y no que Ulises viajaba mientras ella tejía, como pudo haber imaginado Homero, que, como se sabe, a veces dormía y no se daba cuenta de nada.

DISPUTACIONES GEOGRÁFICAS

Josep Vicent Marqués

[49]

No siempre es agradable llegar a una isla. A veces, sus habitantes llevan mal eso de que sea una isla.

Llegas y les dices:

–Gracias a Dios que he encontrado una isla.

O bien:

–¡Qué isla tan bonita!

Y te contestan:

–¿Isla, dice usted? Esto es un archipiélago.

Entonces tú hablas y hablas sobre los méritos respectivos de islas y archipiélagos. Y es complicado. ¿Cuántas islas y qué distancia debe haber entre ellas para que se trate de un archipiélago? Esto es agotador, si acabas de hacer diez o veinte horas de natación. Y no sabes si darles la razón y que te dejen en paz, o discutir.

Sí, decís bien, no es el momento oportuno para discutir de geografía, pero éste es el problema: que nunca se discute en estos casos de geografía, sino de cosas más íntimas o más públicas.

DEL RIGOR EN LA CIENCIA

Jorge Luis Borges

[50]

... En aquel Imperio, el Arte de la Cartografía logró tal Perfección que el mapa de una sola Provincia ocupaba toda una Ciudad, y el mapa del Imperio, toda una Provincia. Con el tiempo, esos mapas desmesurados no satisfacieron y los Colegios de Cartógrafos levantaron un Mapa del Imperio, que tenía el tamaño del Imperio y coincidía puntualmente con él. Manos Adictas al Estudio de la Cartografía, las Generaciones Siguientes entendieron que ese dilatado Mapa era Inútil y no sin Impiedad lo entregaron a las Inclemencias del Sol y de los Inviernos. En los desiertos del Oeste perduran despedazadas Ruinas del Mapa, habitadas por Animales y por Mendigos: en todo el País no hay otra reliquia de las Disciplinas Geográficas.

Suárez Miranda, *Viajes de varones prudentes,* libro cuarto, cap. XLV, Lérida, 1658.

LA NIÑA

Juan Ramón Jiménez

[51]

La niña llegó en el barco de carga. Tenía la naricilla gorda, hinchada, y los ojos de otro color que los suyos. En el pecho le habían puesto una tarjeta que decía: «Sabe hablar algunas palabras en español. Quizá alguien español la quiera».

La quiso un español y se la llevó a su casa. Tenía mujer y seis hijos, tres nenas y tres niños.

–¿Y qué sabes decir en español, vamos a ver?

La niña miraba al suelo.

–¿Ser *nice?* –Y todos se reían–. Me custa el *socolate.* –Y todos se burlaban.

La niña cayó enferma. «No tiene nada», decía el médico. Pero se estaba muriendo. Una madrugada, cuando todos estaban dormidos y algunos roncando, la niña se sintió morir. Y dijo:

–Me muero. ¿Está bien dicho?

Pero nadie la oyó decir eso. Ni ninguna cosa más. Porque al amanecer la encontraron muda, *muerta* en español.

LITERATURA

Julio Torri

[52]

El novelista, en mangas de camisa, metió en la máquina de escribir una hoja de papel, la numeró, y se dispuso a relatar un abordaje de piratas. No conocía el mar y sin embargo iba a pintar los mares del Sur, turbulentos y misteriosos; no había tratado en su vida más que a empleados sin prestigio romántico y a vecinos pacíficos y oscuros, pero tenía que decir ahora cómo son los piratas; oía gorjear a los jilgueros de su mujer, y poblaba en esos instantes de albatros y grandes aves marinas los cielos sombríos y empavorecedores.

La lucha que sostenía con editores rapaces y con un público indiferente se le antojó el abordaje; y la miseria que amenazaba su hogar, el mar bravío. Y al describir las olas en que se mecían cadáveres y mástiles rotos, el mísero escritor pensó en su vida sin triunfo, gobernada por fuerzas sordas y fatales, y a pesar de todo fascinante, mágica, sobrenatural.

TENIENTE

Pablo Palacio

[53]

Tu muerte repentina da un corte vertical en la suave pendiente de los hechos, de manera que en este brumoso deslizamiento me detengo y veo la noche.

Débora está demasiado lejos y por eso es una magnolia. Habríamos ido a verla.

Débora: bailarina yanquilandesa. De ojos azules.

Sabía dar a los brazos flexibilidad de cuellos de garza.

Imagino que tiene un lejano sabor de miel.

Y por temor a corromper ese recuerdo guardo tu ridículo yo. Todos los hombres guardarán un momento su yo para paladear el lejano sabor de Débora, la que luchará por volver al espíritu cada vez más desmayadamente y a más largos intervalos, como un muelle que va perdiendo fuerza.

En este momento inicial y final suprimo las minucias y difumino los contornos

de un suave color blanco.

AYYYY

Angélica Gorodischer

[54]

Sonó el timbre y ella fue a abrir la puerta. Era su marido. .

–¡Ayyyy! –gritó ella– ¡pero si vos estás muerto!

Él sonrió, entró y cerró la puerta. Se la llevó al dormitorio mientras ella seguía gritando, la puso en la cama, le sacó la ropa e hicieron el amor. Una vez. Dos veces. Tres. Una semana entera, mañana, tarde y noche haciendo el amor divina, maravillosa, estupendamente.

Sonó el timbre y ella fue a abrir la puerta. Era la vecina.

–¡Ayyyyy! –gritó la vecina–, ¡pero si vos estás muerta! –y se desmayó.

Ella se dio cuenta de que hacía una semana que no se levantaba de la cama para nada, ni para comer ni para ir al baño. Se dio vuelta y ahí estaba su marido, en la puerta del dormitorio:

–¿Vamos yendo, querida? –dijo y sonreía.

TODO TIEMPO FUTURO FUE PEOR

Raúl Brasca

[55]

Anoche se sobrepuso a las balas que lo acribillaron y huyó de la policía entre la multitud.

Se escondió en la copa de un árbol, se le rompió la rama y terminó ensartado en una verja de hierro.

Se desprendió del hierro, se durmió en un basural y lo aprisionó una pala mecánica.

La pala lo liberó, cayó sobre una cinta transportadora y lo aplastaron toneladas de basura.

La cinta lo enfrentó a un horno, él no quiso entrar y empezó a retroceder.

Dejó la cinta y pasó a la pala, dejó la pala y fue al basural, dejó el basural y se ensartó en la verja, dejó la verja y se escondió en el árbol, dejó el árbol y buscó a la policía.

Anoche puso el pecho a las balas que lo acribillaron y se derrumbó como cualquiera cuando lo llenan de plomo: completamente muerto.

LA ORUGA

Guillermo Samperio

[56]

La oruga va caminando lenta, ondulada, tendida
como sexo masculino sobre la rama, o subiendo por
el tallo de una hoja amplia. La oruga es camaleóni-
ca, pone cara de pene verdoso con manchas marrones, o blanquecino de patas cafés. La oruga eriza, de
púas negras, círculos amarillos, deja resquemor, di-
minutas quemaduras en la piel. Así, descarada, roja,
apenas unos lunares negros, hinchada, erguida, mo-
viendo las primeras patas como en defensa oriental
con la intención de meterse por algún orificio. Pero
en el aire, ante la ausencia permanente, frente al vacío que le trae el viento. La oruga entiende al final
que nunca penetrará a nadie. Con su lentitud y su par-
simonia de costumbre, al paso de los días, se guare-
ce, se resguarda, acurruca, lía, abriga, arrebuja, ampa-
ra, enfunda, se duerme. Le vienen sueños naranjas,
verduscos, marrones, amarillos. Como si en el árbol
no hubiera pasado nada.

LA MIRADA

Salvador Garmendia

[57]

Un hombre encuentra a una mujer por la calle, la toma, la lleva de inmediato a su casa y una vez allí la desnuda completamente y se dedica a contemplarla. La situación es simple: ella de pie, a cuatro pasos del hombre que la mira desde un viejo sillón de cuero, la mirada dentro de un círculo perfecto, sólo perturbado por los reflejos de algunos objetos laterales que apenas colorean el aire. La mirada sin pausas, limpiamente como sólo puede hacerlo el ojo frío y destructor de los sueños. Al poco rato, la mujer comienza a desmantelarse. Caen los senos, los brazos desgajados se desprenden y todas las protuberancias se deslían, teniendo como centro el foso imantado del vientre.

Cuando delante de él no hay más que aire y luz del día, el hombre oye en su cabeza el zumbido de cien años de vida. Cierra los ojos y piensa que dormirá hasta que lo despierten.

EDUCACIÓN SEXUAL

Alonso Ibarrola

[58]

Jamás en la vida había sostenido con su hija (única, por cierto) una conversación en torno al tema sexual. Se consideraba muy liberal y progresista a tal respecto, pero no había tenido ocasión de demostrarlo, porque daba la casualidad de que la muchacha nunca había preguntado nada, con gran decepción por su parte y descanso y tranquilidad para su mujer, que en este aspecto era timorata y llena de prejuicios. Pasaron los años y un día la muchacha anunció que se iba a casar. «Tendrás que decirle algo» arguyó su mujer. Y una noche, padre e hija hablaron. ¿Qué le dijo el padre? ¿Qué cosas preguntó la hija? A ciencia cierta, no se sabe. El hecho es que la madre tuvo que esperar dos horas, y cuando salieron de la salita de estar la hija exclamó: «¡Me dais asco!». Y se retiró a su dormitorio. La madre pensó que había ocurrido lo que temía. Su marido se lo había contado todo, absolutamente todo.

UN PEQUEÑO ERROR DE CÁLCULO

Rosa Montero

[59]

Regresa el Cazador de su jornada de caza, magullado y exhausto, y arroja el cadáver del tigre a los pies de la Recolectora, que está sentada en la boca de la caverna separando las bayas comestibles de las venenosas. La mujer contempla cómo el hombre muestra su trofeo con ufanía, pero sin perder esa vaga actitud de respeto con que siempre la trata; frente al poder de la muerte del Cazador, la Recolectora posee un poder de vida que a él le sobrecoge. El rostro del Cazador está atirantado por la fatiga y orlado por una espuma de sangre seca; mirándole, la Recolectora recuerda al hijo que parió en la pasada luna, también todo él sangre y esfuerzo. Se enternece la mujer, acaricia los ásperos cabellos del hombre y decide hacerle un pequeño regalo: durante el resto del día, piensa ella, y hasta que el sol se oculte por los montes, le dejará creer que es el amo del mundo.

CARPETAS

Julia Otxoa

[60]

Cuando Elisa pidió a su esposo, el día del aniversario de su boda, la opinión sobre aquellos quince años pasados juntos, a Juan le fue totalmente imposible volver de aquel lejanísimo tiempo, en que preguntas como aquella hubieran podido tener algún sentido. De aquel lugar casi prehistórico de su memoria, en que constató y asumió como una calamidad más de su vida, que vivía, y que probablemente viviría por el resto de sus días, con una perfecta extraña. Elisa miraba a Juan volviéndose a medias desde el fregadero. Era obvio que esperaba su respuesta. Él, venciendo un súbito e intenso ataque de terror, se levantó precipitadamente de la mesa en que comía, alegando haberse olvidado unas carpetas dentro del coche. Cuando Juan volvió, Elisa ya no recordaba en absoluto que hace unos pocos minutos era una esposa junto a un fregadero, esperando una respuesta.

PIE DE PÁGINA

Julio Riquelme

[61]

Escribí la novela para que, al leer la dedicatoria, Elena comprendiera su crueldad de dieciséis años. No buscaba una excusa, una explicación, que también. Pretendía que me supiera vivo, incluso asumiendo su orgullo como artesana de la herida perfecta.

Alguien me dio la noticia en la caseta de firmas.

Sentí, primero, alivio. Su imagen sería para siempre la que recordaba, sin facturas del tiempo. Sentí, luego, pena y sensación de tiempo perdido. ¿Qué me importaba quien leyera aquellas páginas ahora que su destinataria ya no existía? Un sueño largo y roto, una venganza inconclusa.

La misma persona me dijo: has triunfado, al fin.

Miré la pila de libros que me rodeaba, la hilera de rostros esperando mi firma a pie de página, y supe que el hombre tenía razón, y gocé el triunfo de la inutilidad perfecta.

MI SOMBRA

Enrique Anderson Imbert

[62]

No nos decimos ni una palabra pero sé que mi sombra se alegra tanto como yo cuando, por casualidad, nos encontramos en el parque. En esas tardes la veo siempre delante de mí, vestida de negro. Si camino, camina; si me detengo, se detiene. Yo también la imito. Si me parece que ha entrelazado las manos por la espalda, hago lo mismo. Supongo que a veces ladea la cabeza, me mira por encima del hombro y se sonríe con ternura al verme tan excesivo en mis dimensiones, tan coloreado y pletórico. Mientras paseamos por el parque la voy mirando, cuidando. Cuando calculo que ha de estar cansada, doy unos pasos medidos –más allá, más acá, según– hasta que consigo llevarla adonde le conviene. Entonces me contorsiono en medio de la luz y busco una postura incómoda para que mi sombra, cómodamente, pueda sentarse en un banco.

TRAVESÍA

Raúl Brasca

[63]

Caminaban a la par. Se habían jurado lealtad y que dividirían todo por mitades. Frente al desierto, igualaron el peso de sus alforjas y se internaron seguros. No los doblegaron la impiedad del sol ni el rigor de la noche y cuando se les acabó la comida repartieron el agua en partes iguales. Pero la arena era interminable. Paulatinamente, el paso se les hizo más lento, dejaron de hablar, evitaron mirarse. El día en que, con vértigo aterrador, sintieron que desfallecían, se abrazaron y, hombro a hombro, siguieron andando. Cayeron exhaustos al atardecer. Durmieron. Ya había amanecido cuando uno de ellos despertó sobresaltado: le faltaba parte de un muslo. El otro, que lo comía, continuó indiferente, terminó, volvió a tenderse, y como si completara un gesto irrevocable, atendió a la mano que su amigo le alargaba y le dio el cuchillo.

EN EL INSOMNIO

Virgilio Piñera

[64]

El hombre se acuesta temprano. No puede conciliar el sueño. Da vueltas, como es lógico, en la cama. Se enreda entre las sábanas. Enciende un cigarrillo. Lee un poco. Vuelve a apagar la luz. Pero no puede dormir. A las tres de la madrugada se levanta. Despierta al amigo de al lado y le confía que no puede dormir. Le pide consejo. El amigo le aconseja que haga un pequeño paseo a fin de cansarse un poco. Que enseguida tome una taza de tilo y que apague la luz. Hace todo esto pero no logra dormir. Se vuelve a levantar. Esta vez acude al médico. Como siempre sucede, el médico habla mucho pero el hombre no se duerme. A las seis de la mañana carga un revólver y se levanta la tapa de los sesos. El hombre está muerto pero no ha podido quedarse dormido. El insomnio es una cosa muy persistente.

LA TELEVISIÓN

Benito Martínez

[65]

El soldado me mira antes de disparar. Es sólo un instante, y me mira con esa cara de vidrio oscuro que tienen los soldados antes de disparar. El estudiante extiende los brazos en un gesto instintivo e inútil. Lo van a matar, se da cuenta y trata de detener el tiempo extendiendo los brazos hacia delante. El soldado tiene el fusil automático listo y apunta al estudiante, que extiende los brazos. En ese momento se puede pensar que el estudiante ya está muerto, pero no; hay una larguísima fracción de segundo entre un momento y otro. Los dos se han quedado mirándome desde la pantalla del televisor, el matador y su víctima, bajo un sol que no he visto nunca.

El soldado dispara, pero no lo vemos, gracias al anuncio del nuevo detergente.

LA MONTAÑA

Enrique Anderson Imbert

[66]

El niño empezó a treparse por el corpachón de su padre, que estaba amodorrado en su butaca, en medio de la gran siesta, en medio del gran patio. Al sentirlo, el padre, sin abrir los ojos y sotorriéndose, se puso todo duro para ofrecer al juego del hijo una solidez de montaña. Y el niño lo fue escalando: se apoyaba en las estribaciones de las piernas, en el talud del pecho, en los brazos, en los hombros, inmóviles como rocas. Cuando llegó a la cima nevada de la cabeza, el niño no vio a nadie.

–¡Papá, papá! –llamó a punto de llorar.

Un viento frío soplaba allá en lo alto, y el niño, hundido en la nieve, quería caminar y no podía.

–¡Papá, papá!

El niño se echó a llorar, solo sobre el desolado pico de la montaña.

INSTRUCCIONES PARA DAR CUERDA AL RELOJ

Julio Cortázar

[67]

Allá en el fondo está la muerte, pero no tenga miedo. Sujete el reloj con una mano, tome con dos dedos la llave de la cuerda, remóntela suavemente. Ahora se abre otro plazo, los árboles despliegan sus hojas, las barcas corren regatas, el tiempo como un abanico se va llenando de sí mismo y de él brotan el aire, las brisas de la tierra, la sombra de una mujer, el perfume del pan.

¿Qué más quiere, qué más quiere? Átelo pronto a su muñeca, déjelo latir en libertad, imítelo anhelante. El miedo herrumbra las áncoras, cada cosa que pudo alcanzarse y fue olvidada va corroyendo las venas del reloj, gangrenando la fría sangre de sus pequeños rubíes. Y allá en el fondo está la muerte si no corremos y llegamos antes y comprendemos que ya no importa.

EL LAGO

Guadalupe Amor

[68]

Iban los dos por el camino largo presintiendo absorta y valientemente la vida. Sus gabancillos deslavados los cobijaban confundiendo sus sexos. Eran hermanos, niña y niño.

Él la protegía con la más desvaída de las ternuras.

Los había dejado el camión muy cerca del bosque y se dirigían a contemplar el lago. Subirse a una canoa hubiera sido para ellos la felicidad más completa, pero solamente llevaban lo preciso para el viaje de regreso.

Bajo las frondas agobiantes revoloteaban sus modestas sombras y sus ojillos de mirlo contemplaron la copa de los árboles. Al llegar al lago, él la ayudó endeblemente a encaramarse en el viejo barandal para contemplar mejor a los gansos y a los cisnes. Sus sombras delgadas se quedaron grisáceas, entrañablemente en el agua.

LA CASA AL REVÉS

Iliana Gómez Berbesi

[69]

Así que fue a su casa y supo por fin que a ella también le gustaba coleccionar viejitos de loza y jirafas de cristal. Así que ella tenía su cama desfallecida de novelas de Ágatha Christie y Simenon. Y adivinó que prefería la lluvia, las manzanas y los paisajes de Watteau. O la neblina sobre el puente. Y si nunca se lo hubiese confesado, cada cosa en el cuarto lo evidenciaba. Así que ella también temió por lo que pudiera decir y guardó todas sus imprudencias en el clóset. Porque por supuesto, él no iba a llegar a tales extremos. Mientras esperaba a que se quitase la ropa, se preguntó si algún día podría verla cubierta de cremas y tomando el té, gorda, envejecida y más risueña, preguntándole si se acordaba de aquella colección de cristal, de la cursilería, de que tenían mucho frío o del amor.

LA FE Y LAS MONTAÑAS

Augusto Monterroso

[70]

Al principio la Fe movía montañas sólo cuando era absolutamente necesario, con lo que el paisaje permanecía igual a sí mismo durante milenios.

Pero cuando la Fe comenzó a propagarse y a la gente le pareció divertida la idea de mover montañas, éstas no hacían sino cambiar de sitio, y cada vez era más difícil encontrarlas en el lugar en que uno las había dejado la noche anterior; cosa que por supuesto creaba más dificultades de las que resolvía.

La buena gente prefirió entonces abandonar la Fe y ahora las montañas permanecen por lo general en su sitio.

Cuando en la carretera se produce un derrumbe bajo el cual mueren varios viajeros, es que alguien muy lejano o inmediato, tuvo un ligerísimo atisbo de fe.

EL RECTO

Juan Ramón Jiménez

[71]

Tenía la heroica manía bella de lo derecho, lo recto, lo cuadrado. Se pasaba el día poniendo bien, en exacta correspondencia de líneas, cuadros, muebles, alfombras, puertas, biombos. Su vida era un sufrimiento acerbo y una espantosa pérdida. Iba detrás de familiares y criados, ordenando paciente e impacientemente lo desordenado. Comprendía bien el cuento del que se sacó una muela sana de la derecha porque tuvo que sacarse una dañada de la izquierda.

Cuando se estaba muriendo, suplicaba a todos con voz débil que le pusieran exacta la cama en relación con la cómoda, el armario, los cuadros, las cajas de las medicinas.

Y cuando murió y lo enterraron, el enterrador le dejó torcida la caja de la tumba para siempre.

NOVELA DEL YO FORTUITO

Julio Ortega

[72]

Al abrir el libro, leo que soy yo quien espera que la luz cambie para poder cruzar la esquina cuando un coche se detiene frente a mí. En el lugar del chofer una mujer de ojos árabes sonríe en silencio. Satisfecha del azar, aguarda a ser reconocida y ya ríe de mi sorpresa. Pero en el mismo instante que la reconozco, en ese proceso absorto de una emoción feliz, por fin la saludo como si en verdad me reconociera a mí mismo. Y cuando de inmediato me despido, riendo ambos en el juego de lo fortuito, sé que esos segundos que saboreo pertenecen a la novela del asombro. Esa promesa se precipita, como una torre de arena que sucumbe. Ella va camino al aeropuerto, yo en cambio al despacho, y nos despedimos como quien duda en qué página debe seguir leyendo.

EL COMPONEDOR DE CUENTOS

Mariano Silva y Acebes

[73]

Los que echaban a perder un cuento bueno o escribían uno malo lo enviaban al componedor de cuentos. Éste era un viejecito calvo, de ojos vivos, que usaba unos anteojos pasados de moda, montados casi en la punta de la nariz, y estaba detrás de un mostrador bajito, lleno de polvosos libros de cuentos de todas las edades y de todos los países.

Su tienda tenía una sola puerta hacia la calle y él estaba siempre muy ocupado. De sus grandes libros sacaba inagotablemente palabras muy bellas y aun frases enteras, o bien cabos de aventuras o hechos prodigiosos que anotaba en un papel blanco y luego, con paciencia y cuidado, iba engarzando esos materiales en el cuento roto. Cuando terminaba la compostura se leía el cuento tan bien que parecía otro.

PELIGROS DE LA INTIMIDAD

Ángela Martínez

[74]

La mujer desnuda, con toda la impudicia del deseo saciado, se vuelve sobre el lecho para mirar, en la semioscuridad de la madrugada, al hombre que está a su lado.

Con un casi imperceptible gesto de hastío, ella le señala sus ropas, tiradas descuidadamente en una silla, y se duerme.

El joven obedece la silenciosa orden de partir; pero ya vestido, antes de marcharse definitivamente, se inclina un momento sobre la hermosa cabeza rendida.

Horas más tarde, cuando el sol golpea los ventanales de la habitación, la mujer continúa acostada, inmóvil, mientras la doble sonrisa roja del limpio tajo que va de una a otra de sus bellas orejas, se derrama sobre la almohada perfumada.

ALMEZ

Hipólito G. Navarro

[75]

Luego, con el mismo bastón, dibujó insondables garabatos en la tierra...: persiguió el improvisado lápiz de su edad alguna hormiga, se demoró en un lento esbozo de paralelas, de círculos y elipses. Se imaginó entonces regresando hasta un otoño adolescente, casi de canicas, una vastedad de años atrás, cuando tantas tardes en aquel mismo jardín perdido más allá de la abierta curiosidad de las eras se tendía junto a Alina a la salida del colegio y aprendía en su boca el primer abismo de los besos, disimulado apenas en el juego de robarse de entre los dientes aquellas dulzonas bolitas del almez que ella, ya más alta, más mujer, le alcanzaba de unas ramas que él, recién estrenado en ecuaciones y caricias, confuso de polinomios y de piel, tardaría aún años en rozar.

LA FAMA

Enrique Anderson Imbert

[76]

El poeta la vio pasar, aprisa; y aprisa corrió tras ella y se quejó:

–¿Y nada para mí? A tantos poetas que valen menos ya los has distinguido: ¿y a mí cuándo?

La Fama, sin detenerse, miró al poeta por encima del hombro y contestó sonriéndole mientras apresuraba la carrera:

–Exactamente dentro de dos años, a las cinco de la tarde, en la Biblioteca de la Facultad de Filosofía y Letras, un joven periodista abrirá el primer libro que publicaste y empezará a tomar notas para un estudio consagratorio. Te prometo que allí estaré.

–¡Ah, te lo agradezco mucho!

–Agradécemelo ahora, porque dentro de dos años ya no tendrás voz.

LA UÑA

Max Aub

[77]

El cementerio está cerca. La uña del meñique derecho de Pedro Pérez, enterrado ayer, empezó a crecer tan pronto como colocaron la losa. Como el féretro era de mala calidad (pidieron el ataúd más barato) la garfa no tuvo dificultad para despuntar deslizándose hacia la pared de la casa. Allí serpenteó hasta la ventana del dormitorio, se metió entre el montante y la peana, resbaló por el suelo escondiéndose tras la cómoda hasta el recodo de la pared para seguir tras la mesilla de noche y subir por la orilla del cabecero de la cama. Casi de un salto atravesó la garganta de Lucía, que ni ¡ay! dijo, para tirarse hacia la de Miguel, traspasándola.

Fue lo menos que pudo hacer el difunto: también es cuerno la uña.

LA HUMILDAD PREMIADA

Julio Torri

[78]

En una Universidad poco renombrada había un profesor pequeño de cuerpo, rubicundo, tartamudo, que como carecía por completo de ideas propias era muy estimado en sociedad y tenía ante sí brillante porvenir en la crítica literaria.

Lo que leía en los libros lo ofrecía trasnochado a sus discípulos en la mañana siguiente. Tan inaudita facultad de repetir con exactitud constituía la desesperación de los más consumados constructores de máquinas parlantes.

Y así transcurrieron largos años hasta que un día, a fuerza de repetir ideas ajenas, nuestro profesor tuvo una propia, una pequeña idea propia reluciente y bella como un pececito rojo tras el irisado cristal de una pecera.

DE FUNERALES

Julio Torri

[79]

Hoy asistí al entierro de un amigo mío. Me divertí poco, pues el panegirista estuvo muy torpe. Hasta parecía emocionado. Es inquietante el rumbo que lleva la oratoria fúnebre. En nuestros días se adereza un panegírico con lugares comunes sobre la muerte y ¡cosa increíble y absurda! con alabanzas para el difunto. El orador es casi siempre el mejor amigo del muerto, es decir, un sujeto compungido y tembloroso que nos mueve a risa con sus expresiones sinceras y sus afectos incomprensibles. Lo menos importante en un funeral es el pobre hombre que va en el ataúd. Y mientras las gentes no acepten estas ideas, continuaremos yendo a los entierros con tan pocas probabilidades de divertirnos como a un teatro.

POSESIÓN DEL AYER

Jorge Luis Borges

[80]

Sé que he perdido tantas cosas que no podría contarlas y que esas perdiciones, ahora, son lo que es mío. Sé que he perdido el amarillo y el negro y pienso en esos imposibles colores como no piensan los que ven. Mi padre ha muerto y está siempre a mi lado. Cuando quiero escandir versos de Swinburne, lo hago, me dicen, con su voz. Sólo el que ha muerto es nuestro, sólo es nuestro lo que perdimos. Ilión fue, pero Ilión perdura en el hexámetro que la plañe. Israel fue cuando era una antigua nostalgia. Todo poema, con el tiempo, es una elegía. Nuestras son las mujeres que nos dejaron, ya no sujetos a la víspera, que es zozobra, y a las alarmas y terrores de la esperanza. No hay otros paraísos que los paraísos perdidos.

EL NUNCA CORRESPONDIDO AMOR DE LOS FUERTES POR LOS DÉBILES

Marco Denevi

[81]

Hasta el fin de sus días Perseo vivió en la creencia de que era un héroe porque había matado a la Gorgona, a aquella mujer terrible cuya mirada, si se cruzaba con la de un mortal, convertía a éste en una estatua de piedra. Pobre tonto. Lo que ocurrió fue que Medusa, en cuanto lo vio de lejos, se enamoró de él. Nunca le había sucedido antes. Todos los que, atraídos por su belleza, se habían acercado y la habían mirado en los ojos, quedaron petrificados. Pero ahora Medusa, enamorada a su vez, decidió salvar a Perseo de la petrificación. Lo quería vivo, ardiente y frágil, aun al precio de no poder mirarlo. Bajó, pues, los párpados. Funesto error el de esta Gorgona de ojos cerrados. Perseo se aproximará y le cortará la cabeza.

ASUNTOS DELICADOS DE LA SELVA

Alberto Barrera Tyszka

[82]

Un leopardo homosexual puede sufrir mucho. Si decide pintarse los colmillos con las hojas de un rábano, los cachorros lo miran sospechosamente. Si prueba estirarse como una garza, los mayores se burlan con descaro. Si observa durante horas el cuerpo de un amigo (sus músculos tensos, su cabello, su sexo como aceitunas jóvenes), toda la manada lo desprecia.

Un leopardo homosexual (en general) se mortifica. Está siempre al acecho y (en particular) encuentra amantes debajo de los ríos, abrazos rápidos detrás de las sombras de la madrugada.

De tanto andar en estas guerras, algunos leopardos homosexuales terminan por creer que ellos son los únicos que sufren.

TERRITORIOS

Hipólito G. Navarro

[83]

Yo, de perro, la verdad es que no me ando con pamplinas. Nada de micción en tronco de árbol o señal de tráfico, nada de sólida esquina de edificio, nada de esos llamativos adoquines de los alcorques. Si hay que marcar un territorio, señalar un dominio, ¿qué porvenir tengo de perro meando en mi barrio y adyacentes?, ¿cuántos barrios puede cubrir la meada de un perro? Yo voy más allá, no me ando con chiquitas ni provincianismos. Me especializo en ruedas de vehículos (tapacubos, llantas y neumáticos), y de últimas no meo ruedas a tontas y a locas, así como así, no. Distingo ya perfectamente las matrículas, dosifico, me expando. Adoro esas matrículas de colores extranjeros, amarillas, azules, verdes...

CACERÍA

Ednodio Quintero

[84]

Permanece estirado, boca arriba, sobre la estrecha cama de madera. Con los ojos apenas entreabiertos busca en las extrañas líneas del techo el comienzo de un camino que lo aleje de su perseguidor. Durante noches enteras ha soportado el acoso, atravesando praderas de hierbas venenosas, vadeando ríos de vidrio molido, cruzando puentes frágiles como galletas. Cuando el perseguidor está a punto de alcanzarlo, cuando lo siente tan cerca que su aliento le quema la nuca, se revuelca en la cama como un gallo que recibe un espuelazo en pleno corazón. Entonces el perseguidor se detiene y descansa recostado a un árbol, aguarda con paciencia que la víctima cierre los ojos para reanudar la cacería.

LA VACA

Augusto Monterroso

[85]

Cuando iba el otro día en el tren me erguí de pronto feliz sobre mis dos patas y empecé a manotear de templar el crepúsculo que estaba de lo más bien. Las mujeres y los niños y unos señores que detuvieron su conversación me miraban sorprendidos y se reían de mí pero cuando me senté otra vez silencioso no podían imaginar que yo acababa de ver alejarse lentamente a la orilla del camino una vaca muerta muertita sin quien la enterrara ni quien le editara sus obras completas ni quien le dijera un sentido y lloroso discurso por lo buena que había sido y por todos los chorritos de humeante leche con que contribuyó a que la vida en general y el tren en particular siguieran su marcha.

FAMA PÓSTUMA

Neus Aguado

[86]

La pintora Alba del Canal era famosa porque en su primera juventud había pintado un efebo y lo había titulado *El efebo*. La crítica fue unánime al afirmar: «No se sabe si contemplamos a un adolescente o a una adolescente, es verdaderamente genial tanta ambigüedad». A raíz de este hecho, que se remonta en su trascendencia a la antigua Grecia, la pintora no había vuelto a pintar nada que provocara la atención de la crítica; pero eso sí, la gloria le duró varios lustros. Incluso después de muerta fue recordada por *El efebo* y no por sus ochocientas acuarelas de Venecia. Acuarelas que le ocasionaron un artritismo considerable, del cual murió a los ochenta y cuatro años.

HACHE DOS O

Almudena Albi

[87]

No puede dejar de nadar.

Avanza, pero siempre vuelve al lugar de partida. No sirve, seguro que no, mejor nadar a crol.

Aún no ha probado el otro estilo, pero no le funcionará. A mariposa es agotador.

Un rato de espaldas, o mejor se deja llevar por la corriente.

Los pies no siguen el ritmo, los brazos se fatigan al cortar el agua. Quizá buceando pueda salir a flote. ¿Y si lo intenta al revés?

No hay nada que hacer, salvo nadar, y nada y nada en círculos en esta agua incierta.

Y ahora se hunde, se ahoga en un mar de dudas.

ESPACIO EN EL ROPERO

Ana María Shua

[88]

Atribuye la renovada falta de lugar en el ropero (aunque regale la ropa, aunque la venda) a los groseros hábitos de ciertas prendas a las que no les importa, con tal de darse el gusto, terminar pariendo inmoderadamente esa minúscula ropita de bebé que comienza por llenar los intersticios de todos los cajones y crece y madura y se reproduce a su vez hasta que semejante orgía, descontrolada, constante, tan cerca de su cama termina por tentarlo, no puede hacer descendientes, se dice, para justificarse, del apareamiento entre especies tan diversas, lo hago sólo para conformarlas, se dice, para que no sigan entre ellas, lo hago sólo para tener más espacio en el ropero se dice, se miente.

TERAPIA

José María Merino

[89]

«Un pequeño huerto, cavar la tierra, abonarla, plantar, regar, recoger la cosecha. Esos ejercicios serían también muy beneficiosos para usted», le aconsejó el doctor mientras le entregaba el tratamiento contra el estrés.

El primer año comió unos tomates deliciosos. El segundo año se pasaba las jornadas de la bolsa recordando sus tareas dominicales, las plantas de fresas, los calabacines en flor, las lombardas, según la estación.

Pero un domingo de abril se quedó quieto, y luego se sentó entre los surcos. El lunes ya había arraigado. Produce pimientos en el brazo izquierdo y berenjenas en el derecho. No necesita mucho riego.

INTERIOR

Genaro Estrada

[90]

Mi cigarro es un cigarro sencillo y elegante. Su papel blanco está hecho con pasta de arroz del Japón; tiene una suave boquilla de oro mate y lleva un monograma con mis iniciales en tinta azul.

Mi cigarro es un compañero delicioso que ilustra mis aburrimientos con láminas encantadoras.

Cuando enciendo mi cigarro, la habitación se llena de un tibio humo azulino y yo sigo por los sillones, los libreros y los cortinajes extrañas figuras que se forman y se deforman y me quedo semidormido, viendo cómo un dragón chino enrosca su cola punzante y enciende los fanales dorados, violetas, rojos y amarillos de su piel magnificente.

EL EVANGELIO DE JUAN RULFO SEGÚN JULIO ORTEGA

Adolfo Castañón

[91]

Un día llegué de noche a un pueblo. En el centro había un árbol. Cuando me encontré en medio de la plaza, me di cuenta de que aquel pueblo, en apariencia fantasma, en realidad estaba habitado. Me rodearon y se fueron acercando hasta que me amarraron a un árbol y se fueron. Pasé toda la noche ahí. Aunque estaba algo perplejo, no estaba asustado, pues ni siquiera tenía ánimo para ello. Amaneció y poco a poco aparecieron los mismos que me habían amarrado. Me soltaron y me dijeron: «Te amarramos porque cuando llegaste vimos que se te había perdido el alma, que tu alma te estaba buscando, y te amarramos para que te encontrara».

SUEÑO DEL FRAILE

Álvaro Mutis

[92]

Transitaba por un corredor y al cruzar una puerta volvía a transitar el mismo corredor con algunos breves detalles que lo hacían distinto. Pensaba que el corredor anterior lo había soñado y que éste sí era real. Volvía a trasponer una puerta y entraba a otro corredor con nuevos detalles que lo distinguían del anterior y entonces pensaba que aquél también era soñado y éste era real. Así sucesivamente cruzaba nuevas puertas que lo llevaban a corredores, cada uno de los cuales era para él, en el momento de transitarlo, el único existente. Ascendió brevemente a la vigilia y pensó: «También ésta puede ser una forma de rezar el rosario».

NOVELA POLICIACA

Paul M. Viejo

[93]

Lo que más me molestó, irritó, por lo que me juré no volver a hacerlo más, por muy motivado que estuviera, por mucha fama que estuviese esperándome, fue que, tras ordenar de una forma coherente toda la historia en mi cabeza, dar los antecedentes de lo ocurrido, explicar la importancia de la mujer rubia en todo esto, atar cuanto cabo permaneciera suelto y procurar no dejarme ningún cadáver sin mencionar, todo narrado despacito y con buena letra, hora tras hora, al final del interrogatorio al policía sólo se le ocurrió decir que quién era yo, que después de tantas preguntas como hizo ya se le había olvidado incluso de qué se me acusaba.

BLANCANIEVES SE DESPIDE
DE LOS SIETE ENANITOS

Leopoldo María Panero

[94]

Prometo escribiros, pañuelos que se pierden en el horizonte, risas que palidecen, rostros que caen sin peso sobre la hierba húmeda, donde las arañas tejen ahora sus azules telas. En la casa del bosque crujen, de noche, las viejas maderas, el viento agita raídos cortinajes, entra sólo la luna a través de las grietas. Los espejos silenciosos, ahora, qué grotescos, envenenados peines, manzanas, maleficios, qué olor a cerrado, ahora, qué grotescos. Os echaré de menos, nunca os olvidaré. Pañuelos que se pierden en el horizonte. A lo lejos se oyen golpes secos, uno tras otro los árboles se derrumban. Está en venta el jardín de los cerezos.

AVISO EN LA JAULA DEL AVE FÉNIX

René Avilés Fabila

[95]

Horario de los funerales y del nacimiento:

Cada cien años, aproximadamente a las 12:30 del día, se le prende fuego a la canela, el nardo y la mirra que conforman el nido del ave («que es –según palabras de Ovidio– su propia cuna y sepulcro de su padre») a las 13:30, luego de que las llamas aromáticos han cesado, el Fénix resurge triunfal, con su hermosísimo plumaje dorado y carmesí de sus propias cenizas.

Sea usted puntual.

LA DULZURA

Gabriela Mistral

[96]

Por el niño dormido que llevo, mi paso se ha vuelto sigiloso. Y es religioso todo mi corazón desde que va en mí el misterio.

Mi voz es suave, como por una sordina de amor, y es que temo despertarlo.

Con mis ojos busco ahora en los rostros el dolor de las entrañas. Así los demás miren y comprendan el porqué de mi mejilla empalidecida.

Hurgo con miedo de ternura en las hierbas donde anidan las codornices. Y voy por el campo silenciosa, cautelosamente. Creo ahora que árboles y cosas tienen hijos dormidos sobre los que velan inclinados.

EL GRAFÓGRAFO

Salvador Elizondo

[97]

A Octavio Paz

Escribo. Escribo que escribo. Mentalmente me veo escribir que escribo y también puedo verme ver que escribo. Me recuerdo escribiendo ya y también viéndome que escribía. Y me veo recordando que me veo escribir y me recuerdo viéndome recordar que escribía y escribo viéndome escribir que recuerdo haberme visto escribir que me veía escribir que recordaba haberme visto escribir que escribía y escribía que escribo que escribía. También puedo imaginarme escribiendo que ya había escrito que me imaginaría escribiendo que había escrito que me imaginaba escribiendo que me veo escribir que escribo.

LA RULETA DE LOS RECUERDOS

Alfredo Castellón

[98]

Cargo mi revólver marca Browning, con un montón de recuerdos de mi vida. Giro un par de veces su cilindro como queriendo alejarlos de la memoria, pero al fin, coloco el cañón sobre mi sien y disparo. El recuerdo que me tenía que matar falla. Tengo curiosidad por conocer el contenido que me ha perdonado la vida. Intento abrir el proyectil fallido, pero enseguida me arrepiento y lo dejo. Quizá el siguiente aclare las cosas y me brinde la oportunidad de la muerte. Me preparo y... Esta vez no falla.

Sin duda era uno de los recuerdos más queridos de mi vida, piensa mientras muere.

LIBRO NOCTURNO

Julio Ortega

[99]

Escribo un libro de relatos al mismo tiempo que los leo: los leo en el proceso mismo de escribirlos. Tienen el formato de breves noticias periodísticas, y me entero así de los eventos de la ciudad en el instante mismo en que ocurren, gracias a que soy quien los anota como si se debieran a las palabras. Pero me doy cuenta de que se trata de noticias sin memoria: hechos de la vida diaria de una gente inexistente, en un registro ficticio, por un autor que desaparece en el momento en que el lenguaje es soñado por otro.

Del libro prolijo sólo me queda esta nota, la noticia de su hojarasca.

A RITMO DE TAXÍMETRO

Beatriz Cuevas

[100]

Nombre y apellidos: Santiago Lozano Romero. Número de licencia: 12.728. Número de matrícula: M-7839-SK. Número de DNI: 39776358C. Número de permiso: 20.389. Caducidad: 06/2003. ¿Cuántas veces lo habré leído? Seguro que puedo calcularlo. Le dieron el taxi en noviembre del noventa y tres. Poco antes de casarnos. Estamos en marzo del dos mil. De noviembre a marzo hay cuatro meses. Seis años y cuatro meses. Doce por seis setenta y dos más cuatro setenta y seis.

Setenta y seis meses sin faltar un solo jueves a ver a su madre.

EL TRABAJO NÚMERO 13 DE HÉRCULES

Marco Denevi

[101]

Según el apócrifo Apolodoro de la Biblioteca, «Hércules se hospedó durante cincuenta días en casa de un tal Tespio, quien era padre de cincuenta hijas a todas las cuales, una por una, fue poniendo en el lecho del héroe porque quería que éste le diese nietos que heredasen su fuerza. Hércules, creyendo que eran siempre la misma, las amó a todas». El pormenor que Apolodoro ignora o pasa por alto es que las cincuenta hijas de Tespio eran vírgenes. Hércules, corto de entendederas como todos los forzudos, siempre creyó que el más arduo de sus trabajos había sido desflorar a la única hija de Tespio.

EL POZO

Luis Mateo Díez

[102]

Mi hermano Alberto cayó al pozo cuando tenía cinco años.

Fue una de esas tragedias familiares que sólo alivian el tiempo y la circunstancia de la familia numerosa.

Veinte años después mi hermano Eloy sacaba agua un día de aquel pozo al que nadie jamás había vuelto a asomarse.

En el caldero descubrió una pequeña botella con un papel en el interior.

«Éste es un mundo como otro cualquiera», decía el mensaje.

LA AMANTE

Hernán Rivera Letelier

[103]

Después de hacer el amor, el hombre enciende un cigarrillo y apoya la cabeza dulcemente en su hombro. Como ensimismado, en los reflejos de luz de la gran lámpara de cristal, comienza a hablarle, ronroneante, de lo feliz que es con ella (y de lo desdichado que fue, en cambio, en sus veinte años de matrimonio). «Ah, si sólo hubiera sabido de ti antes», le dice amoroso. Y la abraza y la besa largamente. En el abrazo la toca sin querer con el cigarrillo y, en un fuuuuuu lánguido, penoso, conmovedor, su recién adquirida amante comienza estrafalariamente a desinflarse.

HOY VERÉ A MI ABUELITA

Josefina Zendejas

[104]

Ya no tengo abuelita, pero me he encontrado en la calle unos anteojos y pienso que es ella la que me los ha enviado desde el cielo.

Ahora, cuando juegue con mamá, vendrá a verme abuelita, bastará con que le ponga a madre los anteojos que me he hallado hoy, y que la envuelva en el chal color de rata que dejó mamá grande a los pies de mi cama, para que me arroparan por la noche, y que yo diga: «¡Ven, abuelita!». Ella vendrá luego, me abrazará riendo, y llorará arrepentida por haberse ido sin permiso de su muchachita.

PROFETAS Y CATACLISMOS

Ana María Shua

[105]

El éxito de sus palabras hizo fracasar su misión. La profecía fue escuchada y reconocida. Los hombres cambiaron su conducta impía y se evitó el fuego y el azufre, se evitó el horror, no sucedió la lluvia de muerte.

Así, por falta de plaga o cataclismo, jamás logró acceder al rango de profeta ni pudo el Más Alto mostrarse en todo su poder. Sólo se envían desde entonces profetas monótonos o tartamudos, débiles en el arte de la oratoria; es importante, sobre todo, que carezcan de carisma personal.

¡ABRIÓ LOS OJOS!

Juan Ramón Jiménez

[106]

Abrió los ojos. (Había estado tirado en su butaca toda la mañana fea, durmiendo su largo, desesperado hastío.)

Las cuatro paredes de su cuarto estaban oscuras de tanto deslumbre. Una ventanita cuadrada cortaba el cuadro resplandeciente. Un cielo azul limpio, casas radiantes de sol y sombra, una plaza llena de jentes gritando y corriendo.

«Ésa es la vida, sal», le dijeron seres oscuros por dentro de su sangre.

Y se tiró por la ventana.

DESPEDIDA DE AMOR EN EL BAR

Carola Aikin

[107]

Quizá aún la amaba cuando me desabroché la blusa allí mismo, en el bar, secretamente esperando volver a seducirla: «sólo por esta noche», susurré en su nuca de niño. Pero ella fue implacable. Ella tomó la pajita de aquel vaso pringado de nuestros besos confundidos, avergonzada sin duda, o violentada, o qué sé yo, y delante de todos la introdujo en mi pecho. Lentamente sorbió la sangre que fluía desde el corazón hasta dejarlo tan vacío. «Ya no queda nada», me dije, le dije. Y antes de morir bebí las lágrimas que caían de sus ojos voraces.

CUENTOS LARGOS

Juan Ramón Jiménez

[108]

¡Cuentos largos! ¡Tan largos! ¡De una pájina! ¡Ay, el día en que los hombres sepamos todos agrandar una chispa hasta el sol que un hombre les dé concentrado en una chispa; el día en que nos demos cuenta de que nada tiene tamaño, y que, por lo tanto, basta lo suficiente; el día en que comprendamos que nada vale por sus dimensiones –y así acaba el ridículo que vio Micromegas y que yo veo cada día–; y que un libro puede reducirse a la mano de una hormiga porque puede amplificarlo la idea y hacerlo universo!

LOMBRICES

Guillermo Samperio

[109]

A medida que la gente se va haciendo vieja, se olvida de las lombrices. Las lombrices siempre están esperando a los niños; ellos las cortan en trocitos como cuando las mamás preparan salchichas con huevo, o las levantan hacia el cielo para leer sus contorsiones sensuales, o se la meten en la oreja a otro niño, o las aplastan cuando se aburren. Por esto las lombrices más experimentadas opinan que es bueno que la gente que se hace vieja se olvide de ellas. Sólo el poeta mete su cuchara en la tierra para las macetas.

FELINOS

Raúl Brasca

[110]

Algo sucede entre el gato y yo. Estaba mirándolo desde mi sillón cuando se puso tenso, irguió las orejas y clavó la vista en un punto muy preciso del ligustro. Yo me concentré en él tanto como él en lo que miraba. De pronto sentí su instinto, un torbellino que me arrasó. Saltamos los dos a la vez. Ahora ha vuelto al mismo lugar de antes, se ha relajado y me echa una mirada lenta como para controlar que todo está bien. Ovillado en mi sillón, aguardo expectante su veredicto. Tengo la boca llena de plumas.

DIBUJOS DE CIEGO. XI

Luis Cardoza y Aragón

[111]

El tarro de confitura y la muerte de la abuelita.
Mientras yacía entre cuatro cirios disputabas a las
pirmas la confitura. Con la cara chorreando miel, la
más pequeña irrumpió gritando en la estancia mor-
tuoria. Una de las tías la sacó de la mano y los encontró de pielesrojas, embadurnados de frambuesas.
Cuando comes frambuesas quisieras jugar a los pieles rojas con tus preciosas primas. Sepultaste a la
abuelita en el tarro de confitura.

¿La recordarías sin las frambuesas?

UN SUEÑO

Jorge Luis Borges

[112]

En un desierto lugar del Irán hay una no muy alta torre de piedra, sin puerta ni ventana. En la única habitación (cuyo piso es de tierra y que tiene la forma del círculo) hay una mesa de madera y un banco. En esa celda circular, un hombre que se parece a mí escribe en caracteres que no comprendo un largo poema sobre un hombre que en otra celda circular escribe un poema sobre un hombre que en otra celda circular... El proceso no tiene fin y nadie podrá leer lo que los prisioneros escriben.

EL ARTE

Pilar Gómez Esteban

[113]

En medio de la plaza, el mago sacó de su cofre una cornucopia, tres ramas de abedul, cuatro alfombras voladoras, siete velos de seda de Damasco y dijo tres palabras mágicas.

Con la primera, volaron alfombras y los bostezos.

Con la segunda, los velos desaparecieron y oyó el ruido de los pasos de la gente yéndose.

Al pronunciar la tercera ocurrió el milagro: un espectador lo miró asombrado, aguantando la respiración con los ojos brillantes.

ÁRBOL DEL FUEGO

Hipólito G. Navarro

[114]

Es el niño primero de la clase, extraño niño de sobresalientes y matrículas. Por las tardes abunda en su sustancia, y en el parque soslaya la facilidad de los cerezos y los arces y trepa, con dificultades, a lo más alto de un árbol del fuego.

Abajo, intuyendo la caída que algún día tendrá que llegar, espera sin prisas otro niño, éste más discreto tras sus gafas: el que fantasea en la clase en el último pupitre bajo el mapa, donde nunca llegan los premios del maestro.

¡ARRIAD EL FOQUE!

Ana María Shua

[115]

¡Arriad el foque!, ordena el capitán. ¡Arriad el foque!, repite el segundo. ¡Orzad a estribor!, grita el capitán. ¡Orzad a estribor!, repite el segundo. ¡Cuidado con el bauprés!, grita el capitán. ¡El bauprés!, repite el segundo. ¡Abatid el palo de mesana!, grita el capitán. ¡El palo de mesana!, repite el segundo. Entretanto, la tormenta arrecia y los marineros corremos de un lado a otro de la cubierta, desconcertados. Si no encontramos pronto un diccionario, nos vamos a pique sin remedio.

LA OVEJA NEGRA

Augusto Monterroso

[116]

En un lejano país existió hace muchos años una Oveja negra.

Fue fusilada.

Un siglo después, el rebaño arrepentido le levantó una estatua ecuestre que quedó muy bien en el parque.

Así, en lo sucesivo, cada vez que aparecían ovejas negras eran rápidamente pasadas por las armas para que las futuras generaciones de ovejas comunes y corrientes pudieran ejercitarse también en la escultura.

LA NAPARANOIA

Luis Britto García

[117]

Los pacientes atacados de naparanoia sienten la extraña sensación de que nadie los persigue, ni está tratando de hacerles daño. Esta situación se agrava a medida que creen percibir que nadie habla de ellos a sus espaldas, ni tiene intenciones ocultas. El paciente de naparanoia finalmente advierte que nadie se ocupa de él en lo más mínimo, momento en el cual no se vuelve a saber más nunca del paciente, porque ni siquiera puede lograr que su siquiatra le preste atención.

SUEÑO DEL VIOLINISTA

Ramón Gómez de la Serna

[118]

Siempre había sido el sueño del gran violinista tocar debajo del agua para que se oyese arriba, creando los nenúfares musicales.

En el jardín abandonado y silente y sobre las aguas verdes, como una sombra en el agua, se oyeron unos compases de algo muy melancólico que se podía haber llamado «La alegría de morir», y después de un último «glu glu» salió flotante el violín como un barco de los niños que comenzó a bogar desorientado.

CUANDO NOS AHOGÓ UNA CORTINA

Ramón Gómez de la Serna

[119]

Alguna vez hemos estado como fuera de la vida, en el espacio laberíntico entre la vida y la muerte, y fue cuando nos envolvió una cortina o bien se nos desprendió encima o porque no supimos encontrar la salida entre sus grandes pliegues.

Envueltos en la cortina y rizados en su rizo nos perdimos en un interregno entre ópera y baile de máscaras, entre negro y blanco, sin saber qué podía ser de nosotros, en manos del verdugo de terciopelo.

VIRGEN

Teresa Serván

[120]

Liberado al fin del bastón blanco, el hombre ciego se recuesta en la cama junto a la muchacha. Su barba recia contrasta con la suave melena femenina, empapa el olor que ella desprende e imagina sus curvas.

Tumbada junto a él, la joven parece una niña, duda, es la primera vez que se ofrece a un hombre y el rubor de sus manos delata la timidez virginal. Entonces olvida el bastón y el perro que custodia la puerta y, pudorosamente, apaga la luz.

A CIRCE

Julio Torri

[121]

¡Circe, diosa venerable! He seguido puntualmente tus avisos. Mas no me hice amarrar al mástil cuando divisamos la isla de las sirenas, porque iba resuelto a perderme. En medio del mar silencioso estaba la pradera fatal. Parecía un cargamento de violetas errante por las aguas.

¡Circe, noble diosa de los hermosos cabellos! Mi destino es cruel. Como iba resuelto a perderme, las sirenas no cantaron para mí.

UN SALTAMONTES A LA HORA DE LA SIESTA

Carola Aikin

[122]

Érase una vez un saltamontes solitario que rascaba sus patitas y brincaba de un lado a otro de la blanca habitación. Una habitación toda blanca, sí, menos por una cascada de cabellos rojos, menos por unos párpados que se abren y descubren una mirada de enredaderas. Entonces, el saltamontes y aquella mirada intiman como nunca hubieran imaginado. «¿La beso?», duda el saltamontes. «¿Me habré vuelto loca?», se pregunta la mujer.

DE MEDIO PELO

Neus Aguado

[123]

Era un pelafustán, un pelagallos y un pelagatos, es decir, holgazán, vagabundo, pobre y tres veces despreciable.

El pelanas –sin que nadie lo supiese– era un pelantrín y en su pequeña hacienda cultivaba almendros para conseguir peladillas. Las cuatro perras que ganaba en este mísero negocio las gastaba en pelarse, siempre iba a un barbero distinto para no levantar sospechas.

LA CITA DE SU VIDA

Andrés Neuman

[124]

El lunes sueña con la cita. El martes se entusiasma pensando que se acerca. El miércoles comienza el nerviosismo. El jueves es todo preparativos, revisa su vestuario, va a la peluquería. El viernes lo soporta como puede, sin salir de su casa. El sábado, por fin, se echa a la calle con el corazón rebosante. Durante toda la mañana del domingo llora sin consuelo. Cuando nota que vuelve a soñar, ya es lunes y hay trabajo.

CUENTO CASI SUFI

Gonzalo Suárez

[125]

Recogí a un vagabundo en la carretera. Me arrepentí enseguida. Olía mal. Sus harapos ensuciaron la tapicería de mi coche. Pero Dios premió mi acto de caridad y convirtió al vagabundo en una bella princesa. Ella y yo pasamos la noche en un motel. Al amanecer, me desperté en brazos del maloliente vagabundo. Y comprendí que Dios nos premia con los sueños y nos castiga con la realidad.

BÍBLICA

Juan José Arreola

[126]

Levanto el sitio y abandono el campo... La cita es para hoy en la noche. Ven lavada y perfumada. Unge tus cabellos, ciñe tus más preciosas vestiduras, derrama en tu cuerpo la mirra y el incienso. Planté mi tienda de campaña en las afueras de Betulia. Allí te espero guarnecido de púrpura y de viento, con la mesa de manjares dispuesta, el lecho abierto y la cabeza prematuramente cortada.

LA CANCIÓN

Luis Britto García

[127]

Al borde del desierto, en el ribazo, con la lanza clavada en la arena, mientras yo estaba sobre la muchacha, ella dijo una canción que pasó a mi boca y supe que venía desde la primera boca que había dicho una canción ante el rostro del tiempo para que llegara hasta mí y yo la clavara en otras bocas para que llegara hasta la última que diría una canción ante el rostro del tiempo.

FRANZ KAFKA

René Avilés Fabila

[128]

Al despertar Franz Kafka una mañana, tras un sueño intranquilo, se dirigió hacia el espejo y horrorizado pudo comprobar que

a. seguía siendo Kafka,

b. no estaba convertido en un monstruoso insecto,

c. su figura era todavía humana.

Seleccione el final que más le agrade marcándolo con una equis.

[SIN TÍTULO]

Enrique Anderson Imbert

[129]

Atlas estaba sentado, con las piernas bien abiertas, cargando el mundo sobre los hombros. Hiperión le preguntó:

–Supongo, Atlas, que te pesará más cada vez que cae un aerolito y se clava en la tierra.

–Exactamente –contestó Atlas–. Y, por el contrario, a veces me siento aliviado cuando un pájaro levanta vuelo.

COSTUMBRISMO

Pedro Shimose

[130]

Todos los días, excepto uno, recorro a caballo la plantación de caucho. Al atardecer regreso a casa, hago un alto en el camino y descanso en el andén de una estación de tren abandonada en plena selva.

Aspiro el aroma de los cafetales y oigo el rumor de los discursos que, todos los años, imaginan el silbido de una locomotora que sólo he visto en sueños.

[SIN TÍTULO]

Carmen Leñero

[131]

De pronto, amas de casa se montan en escobas y recorren los espacios nocturnos bajo el influjo lunar. Sus consignas tienen resquemor de maleficio, y de aquelarre, sus tertulias. El fabuloso conjuro incendia Salem, y quienes vuelven la cabeza quedan convertidos en estatuas de sal. La misma con la que sazonan guisos para servir a la mesa del poder diurno.

PARÉNTESIS

Jorge Timossi

[132]

[El escritor era tan respetuoso con sus lectores que todo lo que escribía lo ponía entre paréntesis para que ellos pudieran elegir (libremente) entre leerlo o no, incorporar el texto completo o tomarlo como una (simple) intercalación, o bien quedarse sólo con los paréntesis que a veces (como se sabe) son mucho más útiles en la vida que en la literatura.]

UNICORNIO

Enrique Anderson Imbert

[133]

Se le vino encima. Tenía dos cuernos. La embestida era de toro, el cuerpo no.

–Te conozco –dijo riéndose la muchacha–. ¿Crees que voy a cometer la tontería de cogerte por los cuernos? Uno de tus cuernos es postizo. Eres una metáfora.

Entonces el Unicornio, al verse reconocido, se arrodilló ante la muchacha.

ODIO

Pablo Palacio

[134]

Quiero entenebrecer la alegría de alguien.
Quiero turbar la paz del que esté tranquilo.
Quiero deslizarme calladamente en lo tuyo para que no tengas sosiego; justamente como el parásito ha tenido el acierto de localizarse en tu cerebro y que te congestionará uno de estos días, sin anuncio ni remordimiento.

LA CAJA DE CERILLAS

Genaro Estrada

[135]

Yo me siento orgulloso con mi caja de cerillas, que guardo celosamente en un bolsillo de mi chaqueta.

Cuando saco mi caja de cerillas, siento que soy un minúsculo Jehová, a cuya voluntad se hace la luz en toda mi alcoba, que un minuto antes estaba en tinieblas, como el mismo mundo, hace muchísimos años.

EL NACIMIENTO DEL DOLOR

Santiago González Reca

[136]

La noche irrumpe de golpe. Sin luna, el cielo puede desenvolver su simpleza de mar vacío; donde las estrellas son llamas sobre el cadáver de la niña.

Se multiplican las sombras, y se apresuran. Sumergido en una bañera el padre llora, dejando que las lágrimas salgan para devorar el paisaje.

UNA VIDA

Adolfo Bioy Casares

[137]

La cocinera dijo que no se casó porque no tuvo tiempo. Cuando era joven trabajaba con una familia que le permitía salir dos horas cada quince días. Esas dos horas las empleaba en ir en el tranvía 38, hasta la casa de unos parientes, a ver si habían llegado cartas de España, y volver en el tranvía 38.

EL MIEDO

Eduardo Galeano

[138]

Una mañana nos regalaron un conejo de indias.

Llegó a casa enjaulado. Al mediodía le abrí la puerta de la jaula.

Volví a casa al anochecer y lo encontré tal como lo había dejado: jaula adentro, pegado a los barrotes, temblando del susto de la libertad.

DESCONFIANZA

Alejandra Pizarnik

[139]

Mamá nos habla de un blanco bosque de Rusia:
«... y hacíamos hombrecitos de nieve y les poníamos sombreros que robábamos al bisabuelo...».

Yo la miraba con desconfianza. ¿Qué era la nieve? ¿Para qué hacían hombrecitos? Y ante todo, ¿qué significaba un bisabuelo?

LA LECHERA PRAGMÁTICA

Irene Brea

[140]

De camino al mercado, la lechera sólo pensaba en las ganas que tenía de beber la fresquísima leche del cántaro. Pero logró resistirse, y al llegar le dieron una suma exorbitante por la mercancía. Ello hizo que, en adelante, no soñara lo que habría soñado si el cántaro se hubiera roto.

SUICIDIO, O MORIR DE ERROR

Dulce Chacón

[141]

Antes de estrellarse contra el suelo, la miró con asombro. Saltaremos juntos –le había asegurado la bella bellísima–. Una. Dos. Y tres. Y él se precipitó. Y la bella bellísima le soltó la mano. Y desde lo alto, asomada bellísima en azul, le juró que le amaría hasta la muerte.

FÁBULA DE UN ANIMAL INVISIBLE

Wilfredo Machado

[142]

El hecho –particular y sin importancia– de que no lo veas, no significa que no exista o que no esté aquí, acechándote desde algún lugar de la página en blanco, preparado y ansioso de saltar sobre tu ceguera.

El animal invisible.

AL OTRO LADO

Pedro Ramos

[143]

No sabía cuánto tiempo llevaba parado frente a ese escaparate. El suficiente para que sus recuerdos hubiesen pintado aquel cuadro de gente pasando detrás de él y un rostro, que no era el suyo, le mirara reflejado desde el cristal que le separaba del paisaje.

EL ENGAÑO

Marcial Fernández

[144]

La conoció en un bar y en el hotel le arrancó la blusa provocativa, la falda entallada, los zapatos de tacón alto, las medias de seda, los ligueros, las pulseras y los collares, el corsé, el maquillaje, y al quitarle los lentes negros se quedó completamente solo.

IMAGÍNESE

Ana María Shua

[145]

En la oscuridad, un montón de ropa sobre una silla puede parecer, por ejemplo, un pequeño dinosaurio en celo. Imagínese, entonces, por deducción y analogía, lo que puede parecer en la oscuridad el pequeño dinosaurio en celo que duerme en mi habitación.

ARMISTICIO

Juan José Arreola

[146]

Con fecha de hoy retiro de tu vida mis tropas de ocupación. Me desentiendo de todos los invasores en cuerpo y alma. Nos veremos las caras en la tierra de nadie. Allí donde un ángel señala desde lejos invitándonos a entrar: se alquila paraíso en ruinas.

EL PRINCIPIO ES MEJOR

Isidoro Blastein

[147]

En el principio fue el sustantivo. No había verbos. Nadie decía: «Voy a la casa». Decía simplemente: «casa» y la casa venía a él. Nadie decía «te amo». Decía simplemente «amor» y uno simplemente amaba.

En el principio era mejor.

GOLPE

Pía Barros

[148]

–Mamá –dijo el niño–, ¿qué es un golpe?

–Algo que duele muchísimo y deja amoratado el lugar donde te dio.

El niño fue hasta la puerta de casa. Todo el país que le cupo en la mirada tenía un tinte violáceo.

LOCURA DE AMOR

Isabel Cienfuegos

[149]

Él había perdido la cabeza. Ella le entregó el corazón. Y paseaban como tantos otros. Él, incómodo con aquella víscera sangrante en las manos. Ella, ansiosa, pretendiendo adivinar su futuro en la inútil esfera degollada.

ESTE TIPO ES UNA MINA

Luisa Valenzuela

[150]

No sabemos si fue a causa de su corazón de oro, de su salud de hierro, de su temple de acero o de sus cabellos de plata. El hecho es que finalmente lo expropió el gobierno y lo está explotando. Como a todos nosotros.

DESPECHO

Andrés Neuman

[151]

A Violeta le sobran esos dos kilos que yo necesi-
to para enamorarme de un cuerpo. A mí, en cambio,
me sobran siempre esas dos palabras que ella necesi-
taría dejar de oír para empezar a quererme.

INCÓGNITA

Carmen Peire

[152]

Una persona es lo que cree ser, lo que los demás opinan que es y lo que realmente es. Desde esta perspectiva, no se pudo averiguar quién cometió el asesinato.

A PRIMERA VISTA

Poli Délano

[153]

Verse y amarse locamente fue una sola cosa. Ella tenía los colmillos largos y afilados. Él tenía la piel blanda y suave: estaban hechos el uno para el otro.

AMOR 77

Julio Cortázar

[154]

Y después de hacer todo lo que hacen se levantan, se bañan, se entalcan, se perfuman, se visten, y así progresivamente van volviendo a ser lo que no son.

[SIN TÍTULO]

Carmen Leñero

[155]

La empatía entre los cuerpos lleva a una inercia de imitación: cuando salíamos apresurados del hotel, a media tarde, traías uno de mis aretes puesto.

TODA UNA VIDA

Beatriz Pérez-Moreno

[156]

Lo vio pasar en un vagón de metro y supo que era el hombre de su vida. Imaginó hablar, cenar, ir al cine, yacer, vivir con él. Dejó de interesarle.

[SIN TÍTULO]

César Vallejo

[157]

Mi madre me ajusta el cuello del abrigo, no porque empieza a nevar, sino para que empiece a nevar.

LE RÉGRET D'HÉRACLITE

Jorge Luis Borges

[158]

Yo, que tantos hombres he sido, no he sido nunca
aquel en cuyo abrazo desfallecía Matilde Urbach.

Gaspar Camerarius,
en *Deliciae Poetarum Borussiae,* VII, 16

VERITAS ODIUM PARIT

Marco Denevi

[159]

Traedme el caballo más veloz, pidió el hombre honrado. Acabo de decirle la verdad al rey.

SALIÓ POR LA PUERTA Y DE MI VIDA

Guillermo Cabrera Infante

[160]

Salió por la puerta y de mi vida, llevándose con ella mi amor y su larga cabellera negra.

ÁGRAFA MUSULMANA EN PAPIRO DE OXYRRINCO

Juan José Arreola

[161]

Estabas a ras de tierra y no te vi. Tuve que cavar hasta al fondo de mí para encontrarte.

FRANCISCO DE ALDANA

Juan José Arreola

[162]

A Octavio Paz

No olvide usted, señora, la noche en que nuestras almas lucharon cuerpo a cuerpo.

CUENTO DE HORROR

Juan José Arreola

[163]

La mujer que amé se ha convertido en fantasma.
Yo soy el lugar de las apariciones.

LA BÚSQUEDA

Edmundo Valadés

[164]

Esas sirenas enloquecidas que aúllan recorriendo la ciudad en busca de Ulises.

TRASPLANTE

Beatriz Martínez Manzanares

[165]

Mi corazón te espera, es lo único que queda de mí, estoy dentro de otra. Búscame.

PASIÓN ESDRÚJULA

Luisa Valenzuela

[166]

Penélope nictálope, de noche teje redes para atrapar un cíclope.

AMENAZAS

William Ospina

[167]

–Te devoraré –dijo la pantera.
–Peor para ti –dijo la espada.

BIBLIOGRAFÍA

AGUADO, NEUS (España). «Fama póstuma» y «De medio pelo». (En: *Pacencia y barajar*, Barcelona, Tusquets, 1990).

AIKIN, CAROLA (España). «Despedida de amor en el bar» y «Un saltamontes a la hora de la siesta» (inéditos).

ALBI, ALMUDENA (España). «Hache dos o» (inédito).

ALEGRÍA, FERNANDO (Chile). «Diálogo de sordos». (En: Epple, Juan [ed.], *Brevísima relación del cuento breve en Chile*, Santiago, Ed. Literatura Americana Reunida, 1989).

ÁLVAREZ, MARIELA (Venezuela). «[Sin título]». (En: *Textos de anatomía comparada*, Caracas, Fundarte, 1974).

AMOR, GUADALUPE (México). «El lago». (En: *Galería de títeres*, México D. F., Fondo de Cultura Económica, Letras Mexicanas, 1959).

ANDERSON IMBERT, ENRIQUE (Argentina). «La montaña», «La fama», «[Sin título]» y «Jaula de un solo lado». (En: *Narraciones completas. El gato de Cheshire*, Buenos Aires, Corregidor, 1990). «Mi sombra». (En: *Cuentos en miniatura. Antología*, Caracas, Ed. Equinoccio. Ed. de la Universidad Simón Bolivar, Colección Garúa, 1976). «Unicornio» y «Espiral». (En: *El leve Pedro. Antología de cuentos*, Madrid, Alianza Editorial, 1976).

ARREOLA, JUAN JOSÉ (México). «El encuentro», «Armisticio» y «Bíblica». (En: *Confabulario personal*, Barcelona, Bruguera, 1980).

«Francisco de Aldana», «Ágrafa musulmana en papiro de oxy-rrinco» y «Cuento de horror». (En: *Obras de Juan José Arreola,* México D. F., Joaquín Mortiz, 1972).

AUB, MAX (España). «La uña». (En: *La uña,* Barcelona, Bruguera, 1977).

AVILÉS FABILA, RENÉ (México). «Franz Kafka» y «Aviso en la jaula del ave Fénix». (En: *Fantasías en carrusel,* México D. F., Fondo de Cultura Económica. Colección Popular núm. 518, 1995). «Historia erótica en un McDonald's». (En: *Cuentos de hadas amorosas,* México D. F., Fondo de Cultura Económica, Letras Mexicanas, 1999).

BALZA, JOSÉ (Venezuela). «Lección de sueño». (En: *La mujer de espaldas. Ejercicios narrativos,* prólogo de Carlos Noguera, Caracas, Monte Ávila Editores, 1990).

BARRERA TYSZKA, ALBERTO (Venezuela). «Asuntos delicados de la selva». (En: *Edición de lujo,* Caracas, Fondo Editorial Fundarte, 1990).

BARROS, PÍA (Chile). «Golpe». (En: *Miedos transitorios (De a uno, de a dos, de a todos),* Santiago de Chile, Ergobum, 1986).

BARRUECO, JOSÉ ÁNGEL (España). «Revolución de letras» (inédito).

BENEDETTI, MARIO (Uruguay). «Todo lo contrario». (En: *Cuentos completos,* Madrid, Alianza Editorial, 1986).

BIOY CASARES, ADOLFO (Argentina). «La francesa» y «Una vida». (En: *Guirnalda con amores,* Buenos Aires, Emecé, 1959).

BLASTEIN, ISIDORO (Argentina). «El principio es mejor». (En: *El mago,* Argentina, Ediciones del Sol, 1974).

BORGES, JORGE LUIS (Argentina). «Le régret d'Héraclite» y «Del rigor en la ciencia». (En: *El hacedor. Obras completas,* Buenos Aires, Emecé, 1999[22], tomo segundo). «Un sueño». (En: *La cifra. Obra poética,* Buenos Aires, Emecé, 1999[22], tomo segundo). «Posesión del ayer». (En: *Los conjurados. Obras completas. Tomo III,* Buenos Aires, Emecé, 1999[22]).

BOTERO, JUAN CARLOS (Colombia). «La única obligación». (En: *Semillas del tiempo,* Bogotá, Planeta, 1992).

BRASCA, RAÚL (Argentina). «Felinos». (En: *Mínimos posibles,* Buenos Aires, La Nación, 1997). «Todo tiempo futuro fue peor» (inédito). «Travesía». (En: *Revista Inti*, núm. 48, otoño 1998, Rhode Island, USA). «Perplejidad» (En: *Las aguas madres*, Buenos Aires, Ed. Sudamericana, 1994).

BREA, IRENE (España). «La lechera pragmática» (inédito).

BRITTO GARCÍA, LUIS (Venezuela). «Artes posibles». (En: *Rajatabla*, Caracas, Siglo XXI, 1971). «La canción» y «El campeonato mundial de pajaritas». (En: *Cuentistas hispanoamericanos en la Sorbona*, Bogotá, Banco de la República, 1992). «Subraye las palabras adecuadas», «Libros» y «La naparanoia». (En: AA. VV., *Relatos vertiginosos. Antología de cuentos mínimos*, edición de Lauro Zavala, México D. F., Alfaguara, 2000).

CABRERA INFANTE, GUILLERMO (Cuba). «Salió por la puerta y de mi vida». (En: *Exorcismos de esti(l)o*, Barcelona, Seix Barral, 1967).

CARDOZA Y ARAGÓN, LUIS (Guatemala). «Dibujos de ciego. XI». (En: *Poesías completas y algunas prosas*, prólogo de José Emilio Pacheco y Fernando Charry Lara, Tezonltle, México D. F., Fondo de Cultura Económica,1977).

CARRETO, HÉCTOR (México). «Pies». (En: *La espada de San Jorge*, México D. F., Premiá Editora. Libros del bicho, 1982).

CASTAÑÓN, ADOLFO (México). «El Evangelio de Juan Rulfo según Julio Ortega». (En: *Relatos vertiginosos. Antología de cuentos mínimos*, selección y prólogo de Lauro Zavala, México D. F., Alfaguara, 2000).

CASTELLÓN, ALFREDO (España). «La ruleta de los recuerdos» (inédito).

CHACÓN, DULCE (España). «Suicidio, o morir de error». (En: *El País Semanal*, Madrid, 20 de agosto de 2000).

CIENFUEGOS, ISABEL (España). «Locura de amor» (inédito).

CORTÁZAR, JULIO (Argentina). «Instrucciones para dar cuerda al reloj», «Alegría del cronopio». (En: *Historias de cronopios y de famas*, Barcelona, Edhasa, 1990 (Pocket/Edasa 12). «Amor 77». (En: *Un tal Lucas*, Madrid, Alfaguara/Bruguera, 1979).

CUEVAS, BEATRIZ (España). «A ritmo de taxímetro» (inédito).

DARÍO, RUBÉN (Nicaragua). «El nacimiento de la col». (En: *Cuentos completos,* La Habana, Ed. Arte y Literatura, 1990).

DÉLANO, POLI (Chile). «A primera vista». (En: *Sin morir del todo,* México D. F., Extemporáneos, 1975).

DENEVI, MARCO (Argentina). «La reina virgen», «El trabajo número 13 de Hércules», «El nunca correspondido amor de los fuertes por los débiles», «El precursor de Cervantes» y «Veritas odium parit». (En: *Falsificaciones,* Buenos Aires, Eudeba, 1966).

ELIZONDO, SALVADOR (México). «El grafógrafo». (En: *El grafógrafo,* México D. F., Joaquín Mortiz, 1972).

ESTRADA, GENARO (México). «Interior» y «La caja de cerillas». (En: *Letras minúsculas. México Moderno,* núm. 4 (1923)).

FERNÁNDEZ, MARCIAL (México). «El engaño». (En: *Andy Watson, contador de historias,* México D. F., Editorial Daga, 2001²).

FERNÁNDEZ CUBAS, CRISTINA (España). «El viaje». (En: *Dos veces cuento. Antología de microrrelatos,* edición de José Luis González y prólogo de Enrique Anderson Imbert, Madrid, Ediciones Internacionales Universitarias, 1998).

FERNÁNDEZ ROZAS, GLORIA (España). «El desencuentro original» (inédito).

GALEANO, EDUARDO (Uruguay). «El miedo», (En: *El libro de los abrazos,* Madrid, Siglo XXI España, 2001¹¹).

GALLARDO, SARA (Argentina). «A mano». (En: *El país del humo,* Buenos Aires, Sudamericana, Colección El Espejo, 1977).

GARMENDIA, SALVADOR (Venezuela). «La mirada». (En: *Los escondites. Cuentos,* Caracas, Monte Ávila Editores, 1972).

GIARDINELLI, MEMPO (Argentina) «Consejo». (En: *Cuentos completos,* Buenos Aires, Seix-Barral, 1999).

GÓMEZ BERBESI, ILIANA (Venezuela). «La casa al revés». (En: *Secuencias de un hilo perdido,* Cumaná, Universidad de Oriente, 1982).

GÓMEZ ESTEBAN, PILAR (España). «El arte» (inédito).

GÓMEZ DE LA SERNA, RAMÓN (España). «Sueño del violinista» y «Cuando nos ahogó una cortina». (En: *Caprichos,* Madrid, Espasa Calpe, Colección Austral, 1962).

GONZÁLEZ, OTTO-RAÚL (Guatemala). «Muerte de un rimador». (En: *Sea breve,* México D. F., Ediciones El Equilibrista, Serie Minimalia, 1999).

GONZÁLEZ RECA, SANTIAGO (Argentina). «El nacimiento del dolor» (inédito).

GORODISCHER, ANGÉLICA (Argentina). «Ayyyy». (En: *Menta,* Buenos Aires, Emecé, 2001).

HUIDOBRO, VICENTE (Chile). «Tragedia». (En: *Obras completas. Tomo I. Cuentos diminutos,* Chile, Ed. Andrés Bello, 1976).

IBARROLA, ALONSO (España). «Educación sexual». (En: *Antología del humor 1961-1991,* Madrid, Fundamentos, Narrativa Española, 1994).

JACOBS, BÁRBARA (México). «Atardecer en la playa» y «Un justo acuerdo». (En: *Doce cuentos en contra,* México D. F., Ed. Era, 1990).

JARAMILLO LEVI, ENRIQUE (Panamá). «El globo». (En: *El cuento,* núm 82, 1980, pág. 191).

JIMÉNEZ, JUAN RAMÓN (España). «El recto». (En: *Historias y cuentos,* selección e introducción de Arturo del Villar, Barcelona, Bruguera, 1976). «La niña», «¡Abrió los ojos!» y «Cuentos largos». (En: *Cuentos de antolojía,* prólogo y notas a cargo de Juan Casamayor, ilustraciones de Marina Arespacochaga, Madrid, Clan Editorial, 1999).

LEÑERO, CARMEN (México). «[Sin título]» y «[Sin título]». (En: *Birbiloque. Cuadernos de la Gaceta,* México D. F., Fondo de Cultura Económica, 1987, num. 39).

MACHADO, WILFREDO (Venezuela). «Fábula de un animal invisible». (En: *Libro de animales,* Caracas, Monte Ávila, 1994).

MARTÍNEZ, ÁNGELA (Cuba). «Peligros de la intimidad». (En: *Memorias de un decapitado,* La Habana, Ediciones R, 1965).

MARTÍNEZ, BENITO (Cuba). «La televisión» (inédito).

MARTÍNEZ MANZANARES, BEATRIZ (España). «Trasplante» (inédito).

MATEO DÍEZ, LUIS (España). «El pozo». (En: *Los males menores,* Madrid, Alfaguara, Alfaguara hispánica 106, 1998[3]).

MERINO, JOSÉ MARÍA (España). «Ecosistema». (En: *Dos veces cuento. Antología de microrrelatos*, edición de José Luis González y prólogo de Enrique Anderson Imbert, Madrid, Ediciones Internacionales Universitarias, 1998). «Terapia». (En: *El País Semanal*, Madrid, 6 de agosto de 2000).

MISTRAL, GABRIELA (Chile). «La dulzura». (En: *Lecturas para mujeres*, México D. F., Departamento Editorial de la Secretaría de Educación, 1924).

MONTERO, ROSA (España). «Un pequeño error de cálculo». (En: *El País Semanal*, Madrid, 30 de julio de 2000).

MONTERROSO, AUGUSTO (Guatemala). «La vaca». (En: *Obras completas (y otros cuentos)*, Barcelona, Anagrama, Compactos 185, 2001²). «La fe y las montañas», «La oveja negra» y «La tela de Penélope, o quién engaña a quien». (En: *La oveja negra y demás fábulas*, Madrid, Suma de Letras. Punto de Lectura, 2000).

MUTIS, ÁLVARO (Colombia). «Sueño del fraile». (En: *Bustamante, Guillermo y Cremer, Harold. Antología del cuento corto colombiano*, Cali, Ekuóreo, 1994).

NAVARRO, HIPÓLITO G. (España). «Territorios» y «Árbol del fuego». (En: *Los tigres albinos*, Valencia, Pre-Textos, Narrativa 441, 2000). «Almez». (En: AA. VV., *Imago arborum. Árboles y arbustos de Sevilla a través de la imagen*, Sevilla, Editora del Veinte/Fundación Luis Cernuda, 1994).

NEUMAN, ANDRÉS (Argentina). «Despecho». (En: *El que espera*, Barcelona, Anagrama, Narrativas hispánicas 290, 2000). «Felicidad» y «La cita de su vida» (inéditos).

OBLIGADO, MARÍA (Argentina). «Voces como arpones». (En: *Acentos*, Madrid, Trivium, 2000).

ORTEGA, JULIO (Perú). «Libro nocturno» y «Novela del yo fortuito» (inéditos).

OSPINA, WILLIAM (Colombia) «Amenazas». (En: *Antología del cuento corto colombiano*, Cali, Ekuóreo, 1994).

OTXOA, Julia (España). «Carpetas». (En: *Kískili-káskala*, prólogo de Javier Tomeo, Madrid, Vosa, 1994).

OWEN, GILBERTO (México). «Interior». (En: *Obras*, México D. F., Fondo de Cultura Económica, 1979).

PALACIO, PABLO (Ecuador). «Odio» y «Teniente». (En: *Obras completas,* Bogotá, Ed. El Conejo - Ed. La oveja negra. 1986).

PAMPILLO, GLORIA (Argentina). «La mujer de Galvao» (inédito).

PANERO, LEOPOLDO MARÍA (España). «Blancanieves se despide de los siete enanitos». (En: *Así se fundó Carnaby Street,* Barcelona, Llibres de Sinara, 1970).

PEIRE, CARMEN (España). «Incógnita» (inédito).

PÉREZ CAÑAMARES, ANA MARÍA (España). «La amiga de mamá» (inédito).

PÉREZ-MORENO, BEATRIZ (España). «Toda una vida» (inédito).

PERI ROSSI, CRISTINA (España). «Crianzas». (En: «[Sin título]», *Indicios pánicos,* Montevideo, Ed. Nuestra América, 1970).

PEYROU, OSCAR (Argentina). «La trampa». (En: *El camino de la aventura,* prólogo de A. Bioy Casares, Madrid, Orígenes, 1988).

PIÑERA, VIRGILIO (Cuba). «En el insomnio» y «Natación». (En: *Cuentos completos,* Madrid, Alfaguara, 1999).

PIZARNIK, ALEJANDRA (Argentina). «Desconfianza». (En: *La mano de la hormiga. Los cuentos más breves de mundo y de las literaturas hispánicas,* selección y prólogo de Antonio Fernández Ferrer, Madrid, Fugaz. Ediciones Universitarias, 1990).

QUINTERO, EDNODIO (Venezuela). «Cacería». (En: *Cabeza de cabra y otros relatos,* Caracas, Monte Ávila Latinoamericana, 1993).

RAMOS, PEDRO (España). «Al otro lado» (inédito).

RAMOS SUCRE, JOSÉ ANTONIO (Venezuela). «El retrato». (En: *Obra completa,* Caracas, Biblioteca Ayacucho, 1980).

REYES, ALFONSO (México). «El veredicto». (En: *Revista El Cuento,* núm. 18, noviembre de 1966, pág. 456).

RIQUELME, JULIO (España). «Pie de página» (inédito).

RIVERA LETELIER, HERNÁN (Chile). «La amante». (En: *Donde mueren los valientes,* Chile, Sudamericana, 1999).

SAMPERIO, GUILLERMO (México). «Pasear al perro», «La cola», «Lombrices». (En: *Cuando el tacto toma la palabra. Cuentos, 1974-1999,* México D. F., Fondo de Cultura Económica, Letras Mexicanas, 1999). «La oruga» (inédito).

SERVÁN, TERESA (España). «Virgen» (inédito).

SHIMOSE, PEDRO (Bolivia). «Costumbrismo». (En: *El cuento es la noticia. Literatura y periodismo. Relatos,* Madrid, Páginas de Espuma 2001).

SHUA, ANA MARÍA (Argentina). «¡Arriad el foque!» e «Imagínese». (En: *La sueñera,* Buenos Aires, Alfaguara, 1996). «Espacio en el ropero» (título cambiado para esta edición; el original es «Problemas de espacio en el ropero») y «Profetas y cataclismos». (En: *Botánica del caos,* Buenos Aires, Sudamericana, 2000).

SILVA Y ACEBES, MARIANO (México). «El componedor de cuentos». (En: *Campanitas de plata. Obras,* estudio preliminar y recopilación de Serge I. Zaïtzeff, México D. F., Fondo de Cultura Económica, 1987).

SUÁREZ, GONZALO (España). «Cuento casi sufi». (En: *El País Semanal,* Madrid, 20 de agosto de 2000).

TENA, MARÍA (España). «Animal» (inédito).

TIMOSSI, JORGE (Argentina). «Paréntesis». (En: *Cuentecillos y otras alteraciones,* ilustraciones de Quino, Madrid, Ediciones de la Torre, Coleción Alba y Mayo. Serie Narrativa, núm. 13, 1997).

TORRI, JULIO (México). «La humildad premiada», «Literatura», «De funerales» y «A Circe». (En: *Tres libros,* México D. F., Fondo de Cultura Económica, 1981).

TREJO, OSWALDO (Venezuela). «Una sola rosa y una mandarina». (En: *Una sola rosa y una mandarina,* Caracas, La daga y el dragón, 1985).

VALADÉS, EDMUNDO (México). «La búsqueda». (En: *De bolsillo,* Guadalajara, Universidad de Guadalajara, 1989).

VALENZUELA, LUISA (Argentina). «Visión de reojo». (En: *Aquí pasan cosas raras,* Buenos Aires, Ediciones de la Flor, 1975). «Pasión esdrújula», «La cosa» y «Ese tipo es una mina». (En: *Libro que no muerde,* México D. F., Universidad Nacional Autónoma de México, 1980).

VALLEJO, CÉSAR (Perú). «[Sin título]». (En: «El buen sentido», *Poemas en prosa. Poemas humanos. España, aparta de mí este cáliz,* ed. Julio Vélez, Ediciones Cátedra, 1988). Toda perfección es asimétrica. Por lo tanto, éste es el único texto del libro que es un fragmento.

VICENT MARQUÉS, JOSEP (España). «Disputaciones geográficas». (En: *Amores imposibles,* Barcelona, Montesinos, 1988).

VIEJO, PAUL M. (España). «Novela policiaca» (inédito).

ZENDEJAS, JOSEFINA (México). «Hoy veré a mi abuelita». (En: *Poemas en prosa dedicados a los niños de América,* México D. F., Ed. Cultura, 1923).

BIBLIOGRAFÍA MÍNIMA

ANTOLOGÍAS

AA.VV., *El libro de la imaginación,* ed. Edmundo Valdés, México D. F., Fondo de Cultura Económica, 1984.

AA.VV., *Brevísima relación del cuento breve de Chile,* edición de Juan Epple, Santiago de Chile, Lar, 1989.

AA.VV., *Cien micro-cuentos hispanoamericanos,* edición de Juan Epple y James Heinrich, Concepción (Chile), Lar, 1990.

AA.VV., *La mano de la hormiga. Los cuentos más breves de mundo y de las literaturas hispánicas,* selección y prólogo de Antonio Fernández Ferrer, Madrid, Fugaz. Ediciones Universitarias, 1990.

AA.VV., *Antología del poema en prosa en México,* estudio preliminar, selección y notas de Luis Ignacio Helguera, México D. F., Fondo de Cultura Económica (Letras mexicanas), 1993.

AA.VV., *Dos veces bueno. Cuentos brevísimos latinoamericanos,* selección y prólogo de Raúl Brasca, Buenos Aires, Editorial desde la Gente, 1996.

AA. VV., *Quince líneas. Relatos hiperbreves,* pról. de Luis Landero, Barcelona, Editorial del Círculo Cultural Faroni. Editorial Tusquets, 1996.

AA. VV., *Dos veces bueno 2. Más cuentos brevísimos latinoamericanos,* selección y prólogo de Raúl Brasca, Buenos Aires, Editorial desde la Gente, 1997.

AA. VV., *Dos veces cuento. Antología de microrrelatos,* edición de José Luis González y prólogo de Enrique Anderson Imbert, Madrid, Ediciones Internacionales Universitarias, 1998.

AA. VV., *Relatos vertiginosos. Antología de cuentos mínimos,* selección y prólogo de Lauro Zavala, México D. F., Alfaguara, 2000.

AA. VV., *Antología del cuento breve y oculto,* edición de Raúl Brasca y Luis Chitarroni, Buenos Aires, Sudamericana, 2001.

ARTÍCULOS

Zavala, Lauro. «La canonización literaria de la minificción en México». Trabajo presentado el 26 de mayo del año 2000 en el Congreso sobre Cultura Mexicana (Universidad de California, Irvine). Véase reproducido en «The Establishment of Minifiction as Literary Canon in Mexico» en *Voices of Mexico,* núm. 53 (oct. - dic. de 2000), pp. 105-112.

TESIS DOCTORALES

Rojo Fernández, Violeta, *El minicuento hispanoamericano: propuestas para una caracterización discursiva.* Universidad Simón Bolívar.

SOBRE EL CUENTO HIPERBREVE

Jitrik, Noe, «Un filósofo en la naturaleza humana», *La literatura de Augusto Monterroso,* México D. F., Universidad Autónoma Metropolitana, 1988.

Koch, Dolores, «El microrelato en México. Torri, Arreola, Monterroso», *De la crónica a la nueva narrativa*, México D. F., Oasis, 1986.

Rodríguez Romero, Nana, *El árbol del sentido duerme en la brevedad de la semilla,* Colombia, Ed. Colibrí, 1996.

ÍNDICE ONOMÁSTICO

Aguado, Neus [86], [123]
Aikin, Carola [107], [122]
Albi, Almudena [87]
Alegría, Fernando [6]
Álvarez, Mariela [31]
Amor, Guadalupe [68]
Anderson Imbert, Enrique [36], [39], [62], [66], [76], [129], [133]
Arreola, Juan José [45], [126], [146], [161], [162], [163]
Aub, Max [77]
Avilés Fabila, René [42], [95], [128]
Balza, José [27]
Barrera Tyszka, Alberto [82]
Barros, Pía [148]
Barrueco, José Ángel [35]
Benedetti, Mario [32]
Bioy Casares, Adolfo [37], [137]
Blastein, Isidoro [147]
Borges, Jorge Luis [50], [80], [112], [158]
Botero, Juan Carlos [12]
Brasca, Raúl [34], [55], [63], [110]
Brea, Irene [140]
Britto García, Luis [1], [4], [5], [18], [117], [127]
Cabrera Infante, Guillermo [160]

Cardoza y Aragón, Luis [111]
Carreto, Héctor [22]
Castañón, Adolfo [91]
Castellón, Alfredo [98]
Chacón, Dulce [141]
Cienfuegos, Isabel [149]
Cortázar, Julio [29], [67], [154]
Cuevas, Beatriz [100]
Darío, Rubén [26]
Délano, Poli [153]
Denevi, Marco [33], [46], [81], [101], [159]
Elizondo, Salvador [97]
Estrada, Genaro [90], [135]
Fernández, Marcial [144]
Fernández Cubas, Cristina [8]
Fernández Rozas, Gloria [19]
Galeano, Eduardo [138]
Gallardo, Sara [40]
Garmendia, Salvador [57]
Giardinelli, Mempo [13]
Gómez Berbesi, Iliana [69]
Gómez Esteban, Pilar [113]
Gómez de la Serna, Ramón [118], [119]
González, Otto-Raúl [47]
González Reca, Santiago [136]
Gorodischer, Angélica [54]
Huidobro, Vicente [25]
Ibarrola, Alonso [58]
Jacobs, Bárbara [2], [11]
Jaramillo Levi, Enrique [10]
Jiménez, Juan Ramón [51], [71], [106], [108]
Leñero, Carmen [131], [155]
Machado, Wilfredo [142]
Martínez, Ángela [74]
Martínez, Benito [65]
Martínez Manzanares, Beatriz [165]
Mateo Díez, Luis [102]
Merino, José María [43], [89]

Mistral, Gabriela [96]
Montero, Rosa [59]
Monterroso, Augusto [48], [70], [85], [116]
Mutis, Álvaro [92]
Navarro, Hipólito G. [75], [83], [114]
Neuman, Andrés [16], [124], [151]
Obligado, María [28]
Ortega, Julio [72], [99]
Ospina, William [167]
Otxoa, Julia [60]
Owen, Gilberto [44]
Palacio, Pablo [53], [134]
Pampillo, Gloria [9]
Panero, Leopoldo María [94]
Peire, Carmen [152]
Pérez Cañamares, Ana María [3]
Pérez-Moreno, Beatriz [156]
Peri Rossi, Cristina [38]
Peyrou, Oscar [14]
Piñera, Virgilio [41], [64]
Pizarnik, Alejandra [139]
Quintero, Ednodio [84]
Ramos, Pedro [143]
Ramos Sucre, José Antonio [23]
Reyes, Alfonso [20]
Riquelme, Julio [61]
Rivera Letelier, Hernán [103]
Samperio, Guillermo [7], [17], [56], [109]
Serván, Teresa [120]
Shimose, Pedro [130]
Shua, Ana María [88], [105], [115], [145]
Silva y Acebes, Mariano [73]
Suárez, Gonzalo [125]
Tena, María [21]
Timossi, Jorge [132]
Torri, Julio [52], [78], [79], [121]
Trejo, Oswaldo [30]
Valadés, Edmundo [164]

Valenzuela, Luisa [15], [24], [150], [166]
Vallejo, César [157]
Vicent Marqués, Josep [49]
Viejo, Paul M. [93]
Zendejas, Josefina [104]

ÍNDICE

Clara Obligado. Prólogo bonsái 9

Luis Britto García.
El campeonato mundial de pajaritas 11
Bárbara Jacobs. Atardecer en la playa . . . . 13 REL
Ana María Pérez Cañamares. La amiga de mamá . . . 15
Luis Britto García. Artes posibles 17
Luis Britto García. Libros . . . . 19 REL (imitar)
Fernando Alegría. Diálogo de sordos 21
Guillermo Samperio. Pasear al perro 23
Cristina Fernández Cubas. El viaje 25
Gloria Pampillo. La mujer de Galvao 27
Enrique Jaramillo Levi. El globo 29
Bárbara Jacobs. Un justo acuerdo 31
Juan Carlos Botero. La única obligación 33
Mempo Giardinelli. Consejo 35
Oscar Peyrou. La trampa 37
Luisa Valenzuela. La cosa 39
Andrés Neuman. Felicidad 41
Guillermo Samperio. La cola 43
Luis Britto García. Subraye las palabras adecuadas . . 44 (307)
Gloria Fernández Rozas. El desencuentro original . . . 45
Alfonso Reyes. El veredicto 46

María Tena. Animal 47
Héctor Carreto. Pies 48
José Antonio Ramos Sucre. El retrato 49
Luisa Valenzuela. Visión de reojo .... 50 PRON
Vicente Huidobro. Tragedia 51
Rubén Darío. El nacimiento de la col 52
José Balza. Lección de sueño 53
María Obligado. Voces como arpones 54
Julio Cortázar. Alegría del cronopio 55
Oswaldo Trejo. Una sola rosa y una mandarina 56
Mariela Álvarez. [Sin título] 57
Mario Benedetti. Todo lo contrario .... 58 MORF/VOCAB
Marco Denevi. El precursor de Cervantes 59
Raúl Brasca. Perplejidad 60
José Ángel Barrueco. Revolución de letras 61
Enrique Anderson Imbert. Jaula de un solo lado 62
Adolfo Bioy Casares. La francesa 63
Cristina Peri Rossi. Crianzas 64
Enrique Anderson Imbert. Espiral 65
Sara Gallardo. A mano 66
Virgilio Piñera. Natación 67
René Avilés Fabila. Historia erótica en un McDonald's 68
José María Merino. Ecosistema 69
Gilberto Owen. Interior 70
Juan José Arreola. El encuentro 71
Marco Denevi. La reina virgen 72
Otto-Raúl González. Muerte de un rimador 73
Augusto Monterroso.
  La tela de Penélope, o quién engaña a quien 74
Josep Vicent Marqués. Disputaciones geográficas 75
Jorge Luis Borges. Del rigor en la ciencia 76
Juan Ramón Jiménez. La niña 77
Julio Torri. Literatura 78
Pablo Palacio. Teniente 79
Angélica Gorodischer. Ayyyy 80
Raúl Brasca. Todo tiempo futuro fue peor 81
Guillermo Samperio. La oruga 82
Salvador Garmendia. La mirada 83

Alonso Ibarrola. Educación sexual 84
Rosa Montero. Un pequeño error de cálculo 85
Julia Otxoa. Carpetas 86
Julio Riquelme. Pie de página 87
Enrique Anderson Imbert. Mi sombra 88
Raúl Brasca. Travesía 89
Virgilio Piñera. En el insomnio 90   PRES→PAS
Benito Martínez. La televisión 91
Enrique Anderson Imbert. La montaña 92
Julio Cortázar. Instrucciones para dar cuerda al reloj . 93
Guadalupe Amor. El lago 94
Iliana Gómez Berbesi. La casa al revés 95
Augusto Monterroso. La fe y las montañas 96
Juan Ramón Jiménez. El recto 97   ADJET
Julio Ortega. Novela del yo fortuito 98
Mariano Silva y Acebes. El componedor de cuentos . . 99
Ángela Martínez. Peligros de la intimidad 100
Hipólito G. Navarro. Almez 101
Enrique Anderson Imbert. La fama 102
Max Aub. La uña 103
Julio Torri. La humildad premiada 104
Julio Torri. De funerales 105
Jorge Luis Borges. Posesión del ayer 106
Marco Denevi.
   El nunca correspondido amor de los fuertes por los débiles 107
Alberto Barrera Tyszka.
   Asuntos delicados de la selva 108
Hipólito G. Navarro. Territorios 109
Ednodio Quintero. Cacería 110
Augusto Monterroso. La vaca 111
Neus Aguado. Fama póstuma 112
Almudena Albi. Hache dos o 113
Ana María Shua. Espacio en el ropero 114
José María Merino. Terapia 115
Genaro Estrada. Interior 116
Adolfo Castañón.
   El Evangelio de Juan Rulfo según Julio Ortega 117
Álvaro Mutis. Sueño del fraile 118

Paul M. Viejo. Novela policiaca 119
Leopoldo María Panero.
Blancanieves se despide de los siete enanitos 120
René Avilés Fabila. Aviso en la jaula del ave Fénix .. 121
Gabriela Mistral. La dulzura 122
Salvador Elizondo. El grafógrafo 123
Alfredo Castellón. La ruleta de los recuerdos 124
Julio Ortega. Libro nocturno 125
Beatriz Cuevas. A ritmo de taxímetro 126
Marco Denevi. El trabajo número 13 de Hércules 127
Luis Mateo Díez. El pozo 128
Hernán Rivera Letelier. La amante 129
Josefina Zendejas. Hoy veré a mi abuelita 130
Ana María Shua. Profetas y cataclismos 131
Juan Ramón Jiménez. ¡Abrió los ojos! 132
Carola Aikin. Despedida de amor en el bar 133
Juan Ramón Jiménez. Cuentos largos 134
Guillermo Samperio. Lombrices 135
Raúl Brasca. Felinos 136
Luis Cardoza y Aragón.
Dibujos de ciego. XI 137
Jorge Luis Borges. Un sueño 138
Pilar Gómez Esteban. El arte 139
Hipólito G. Navarro. Árbol del fuego 140
Ana María Shua. ¡Arriad el foque! 141
Augusto Monterroso. La oveja negra 142
Luis Britto García. La naparanoia 143
Ramón Gómez de la Serna. Sueño del violinista ... 144
Ramón Gómez de la Serna.
Cuando nos ahogó una cortina 145
Teresa Serván. Virgen 146
Julio Torri. A Circe 147
Carola Aikin. Un saltamontes a la hora de la siesta .. 148
Neus Aguado. De medio pelo 149
Andrés Neuman. La cita de su vida 150
Gonzalo Suárez. Cuento casi sufi 151
Juan José Arreola. Bíblica 152
Luis Britto García. La canción 153

René Avilés Fabila. Franz Kafka 154
Enrique Anderson Imbert. [Sin título] 155
Pedro Shimose. Costumbrismo 156
Carmen Leñero. [Sin título] 157
Jorge Timossi. Paréntesis 158
Enrique Anderson Imbert. Unicornio 159
Pablo Palacio. Odio 160
Genaro Estrada. La caja de cerillas 161
Santiago González Reca. El nacimiento del dolor . . . 162
Adolfo Bioy Casares. Una vida . . . . 163 "A VER Sí "
Eduardo Galeano. El miedo 164
Alejandra Pizarnik. Desconfianza 165
Irene Brea. La lechera pragmática 166
Dulce Chacón. Suicidio, o morir de error 167
Wilfredo Machado. Fábula de un animal invisible . . . 168
Pedro Ramos. Al otro lado 169
Marcial Fernández. El engaño 170
Ana María Shua. Imagínese 171
Juan José Arreola. Armisticio 172
Isidoro Blastein. El principio es mejor 173
Pía Barros. Golpe 174
Isabel Cienfuegos. Locura de amor 175
Luisa Valenzuela. Ese tipo es una mina 176
Andrés Neuman. Despecho 177
Carmen Peire. Incógnita 178
Poli Délano. A primera vista 179
Julio Cortázar. Amor 77 180
Carmen Leñero. [Sin título] 181
Beatriz Pérez-Moreno. Toda una vida . . . . 182 PRON / INF.
César Vallejo. [Sin título] 183
Jorge Luis Borges. Le régret d'Héraclite 184
Marco Denevi. Veritas odium parit 185
Guillermo Cabrera Infante.
    Salió por la puerta y de mi vida 186
Juan José Arreola.
    Ágrafa musulmana en papiro de oxyrrinco 187
Juan José Arreola. Francisco de Aldana 188
Juan José Arreola. Cuento de horror 189

Edmundo Valadés. La búsqueda 190
Beatriz Martínez Manzanares. Trasplante 191
Luisa Valenzuela. Pasión esdrújula 192
William Ospina. Amenazas 193

Bibliográfía 195
Bibliográfía mínima 205
Índice onomástico 209

Este libro se terminó de imprimir el día de San Dino,
protomártir, patrono de los hiperbreves, saurio
de paciencia infinita que acompañó inmóvil
las siestas del creador durante los siete
días que tardó en inventar su mundo.